図解 即 戦力

為替 _{かわせ} の しくみ が

これ1冊で

しっかりわかる教科書

ソニーフィナンシャルホールディングス株式会社
執行役員 兼 金融市場調査部長

尾河眞樹 監修

技術評論社

　世界経済は今、新たなステージに入っています。世界を震撼させた新型コロナウィルスというパンデミックから、人類は徐々に立ち直りつつあります。このため、世界の中央銀行が、歴史的にも類を見ない規模で実施してきた金融緩和も、世界のあちこちで正常化への動きが見られるようになりました。これに伴い、為替相場も長期的なトレンドの、大きな転換点に差し掛かっているといえそうです。

　こうした大事な時期に、為替の基礎を学べる教科書の出版に携わることができ、とても嬉しく思います。今回は、「監修」という形で関わらせていただきましたが、本書は為替を知る上で必要な情報だけでなく、経済に通じる難しい知識まで、しっかり網羅しています。単に「わかりやすい」だけではありません。また、イラストを挟みながら解説しているので、金融市場の複雑な話まで、きっと身近に感じていただけるのではないでしょうか。

　為替レートには、好不況だけでなく、政治や災害など、世界中で起きている、あらゆる出来事が織り込まれています。日々刻々と動く世界経済を、もっとも如実に反映しているのが為替相場だといえます。本書をお読みいただけば、通貨の強弱が経済を通じて、あらゆる人々の生活に、大なり小なり影響を及ぼしていることがおわかりいただけると思います。本書で為替の基礎を楽しみつつ学んでいただき、為替を通して世界の動きを見極めつつ、ビジネスや投資の判断に役立てていただくことができれば、こんなに嬉しいことはありません。

尾河　眞樹

CONTENTS

CONTENTS

第 **3** 章

主な通貨の特徴を知ろう！ _____ 83

CONTENTS

第5章

為替が動く理由とは？ _____ 159

CONTENTS

為替って
何ですか?

第1章

現金を持ち運ぶことなくお金をやりとりする為替は、
私たちの日常生活に欠かせません。
たとえば、買い物をしたときのクレジットカードでの支払いや銀行振込も為替の一種です。
この章では通貨の価値基準やレートなど、
為替の基礎知識について解説します。

01 為替って 円とドルの交換のこと?

為替は、現金を持ち運ぶことなく
お金をやりとりすることです。

為替は現金を持ち運ばない決済方法

為替とは、**現金を移動させずにお金を支払ったり受け取ったりするしくみ**のことをいいます。

身近なものでは、「インターネットで買い物をした代金の銀行振込による支払い」や、「銀行引き落としによる携帯電話料金の支払い」なども為替です。このように、私たちの日常生活の中にはじつに多くの為替取引が存在しています。為替取引が発達したおかげで、大量の現金を持ち歩くことなく、安全かつ便利に取引ができるのです。

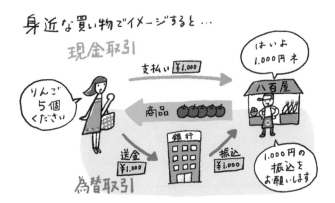

━ 内国為替は国内でお金をやりとりすること

　為替は、国内でお金のやりとりをする、「**内国為替**」と、外国の企業や人とお金のやりとりをする、「**外国為替**」の２つに分けられます。

　内国為替とは**国内の企業や個人間で現金を移動させずに決済すること**をいいます。インターネットで買い物をした場合、支払いはクレジットカード払いやコンビニ払い、電子マネー決済が一般的です。これらの支払方法は、実際に現金を持っていっているわけではないので、「内国為替」に該当します。

　日本では、金融機関間での内国為替取引を担っている内国為替制度は、「全国銀行データ通信システム」（全銀システム）です。このシステムは全国の銀行が加盟しており、振込等の内国為替取引をオンラインで処理しています。

◯ 内国為替のしくみ

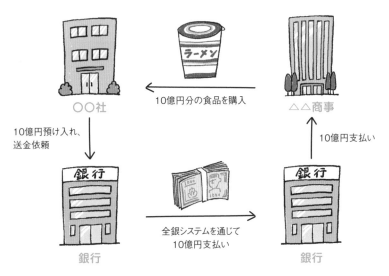

○○社　10億円分の食品を購入 →　△△商事

10億円預け入れ、送金依頼

10億円支払い

銀行　全銀システムを通じて 10億円支払い →　銀行

▶ △△商事から直接○○社にお金が運ばれるわけではなく、銀行などを通じて取引が行われます。

外国為替はほかの国とお金をやりとりすること

　一方、外国為替では**ほかの国との間でお金をやりとり**します。海外旅行で買い物をして、現地の通貨やクレジットカードで支払う行為も外国為替にあたります。**内国為替との大きな違いは、通貨の交換が生じる**ことです。

　たとえば、インターネットからアメリカのショッピングサイトで買い物をしてクレジットカードで決済する場合、自分のクレジットカードからは、買い物代金を日本円に換算した金額が引き落とされます。クレジットカード会社は、日本円をドルに交換してアメリカのお店に代金を支払っているため、ここで通貨の交換が生じます。

▼ 外国為替のしくみ

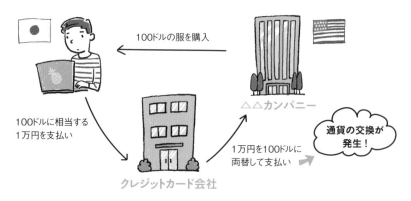

100ドルの服を購入

△△カンパニー

100ドルに相当する
1万円を支払い

1万円を100ドルに
両替して支払い

**通貨の交換が
発生！**

クレジットカード会社

▶ 1ドル＝100円のときに、アメリカの会社から100ドルの服を購入しクレジットカードで支払いをした場合に通貨の交換が生じます。実際には為替レートに手数料が上乗せされます（P.61参照）。

　このときに**ドルと円をどのくらいの比率で交換するのかを示したものが為替レート**です。「1ドル＝100円」などと耳にしたことがあるかと思いますが、これは1ドルを100円と交換できるという意味になります。

— 外国為替取引では通貨をほかの通貨に交換する

　現代の日本においては、外国為替といえば**通貨同士の交換を指す**のが一般的です。この「ドルと円を交換」「ユーロとドルを交換」といった行為のことを、「**外国為替取引**」と呼びます。外国為替取引は**外国為替市場**で世界中の参加者たちにより休みなく行われています。この外国為替取引と外国為替市場を略して、それぞれ外為取引、外為市場と呼ぶこともあります。

　また、ニュースなどでは「ドルを買う」「円を売る」など「売る・買う」という言葉が使われることが多いですが、これも交換と同じ意味です。たとえば、アメリカ旅行に行くためにドルが必要だとします。1ドル＝100円のときに、10万円を1000ドルに交換（両替）したとします。この場合、「10万円を売って、1000ドルを買った」ということもできます。

🔽 **外国為替取引のしくみ**

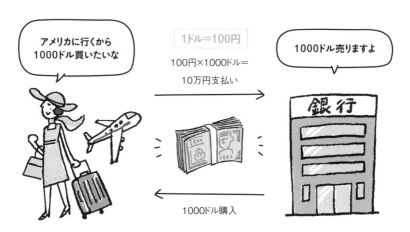

アメリカに行くから
1000ドル買いたいな

1ドル＝100円

100円×1000ドル＝
10万円支払い

1000ドル売りますよ

銀行

1000ドル購入

　現在ではインターネットを通じて、個人でも簡単に外国為替取引ができるようになっています。

02 通貨の価値は 何を基準にするの?

基軸通貨の米ドルが事実上の基準です。

世界中で使われる基軸通貨は米ドル

　基軸通貨とは、世界中の通貨の中心となっている通貨のことを指します。**現在の基軸通貨は米ドル**です。実際にほとんどの国の外国為替取引の中心は、その国の通貨と米ドルの取引です。

　基軸通貨は誰かが決めているわけではなく、基軸通貨になり得る条件を満たしている通貨が基軸通貨として扱われるようになります。具体的には国際通貨という国際的な取引の決済に幅広く使われる通貨のうち、**最も経済力、政治力がある国の通貨が基軸通貨**となります。以前はイギリスのポンドが使われていましたが、第二次世界大戦後に米ドルに取って代わられました。

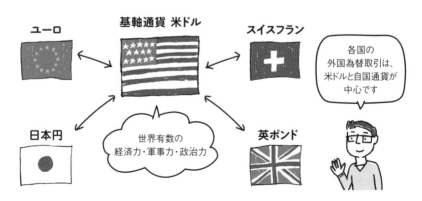

　また、各国の外貨準備高の1位も米ドルです。**外貨準備高とは、何かあったときのために各国が保有している自分の国以外の通貨の保有額**のことです。たとえば、円が大暴落したり、経済危機に陥ったりしたときに、国が日本円しか持っていないと大変なことになってしまいます。そのようなリスクを避けるためにある程度の外貨を保有しておくのです。この外貨準備高における米ドルの割合が高いということは、それだけ米ドルの信用度が高いということを意味しています。

◯ 世界の外貨準備高（2021年）

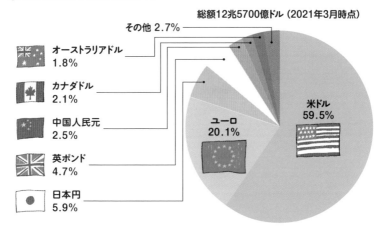

総額12兆5700億ドル（2021年3月時点）

その他 2.7%

オーストラリアドル 1.8%

カナダドル 2.1%

中国人民元 2.5%

英ポンド 4.7%

日本円 5.9%

ユーロ 20.1%

米ドル 59.5%

出典：IMF『Currency Composition of Official Foreign Exchange Reserves』のデータをもとに作成

金本位制による国際通貨制度のはじまり

　国際通貨制度のはじまりは、金本位制です。金本位制とは、日本銀行のような中央銀行が発行した紙幣を銀行に持っていけば、決められた分量の金と交換してもらえる制度です。これまで、貴金属を貨幣として使用していた人々に、「今日からこの紙が貴金属の貨幣と同じ価値を持ちますよ」と通知しても、信頼してもら

えません。そこで、中央銀行発行の紙幣と金を交換できるしくみを考えたのです。**金本位制上では、国が発行した紙幣と等価値の金を保有している**ため、紙幣がこれまでの貴金属の貨幣と同じように認識されるようになりました。この金と交換できる紙幣のことを**兌換紙幣**と呼びます。

🔻 **金本位制のしくみ**

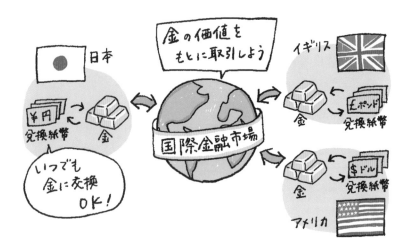

　金本位制のはじまりは1816年のイギリスです。当時は1ポンド7.32gの金と交換してもらえました。日本で金本位制度が導入されたのは1897年。1円は金0.75gと交換されていました。現在の金の価格は1gあたり7000円弱で推移していますので、当時の1円を金ベースで現在の価値に換算すると、約5250円だということがわかります。

━ 第二次世界大戦後の国際通貨制度

　金本位制は1930年代にほとんどの国で廃止されています。中央銀行が紙幣を大量に発行し、その分の金を用意できなくなった

ためです。金と交換できない通貨を**不換紙幣**（ふかんしへい）と呼びます。現在日本で使われている紙幣も不換銀行券です。

　第二次世界大戦後、金本位制度は廃止され、それに代わるものとして、アメリカを中心に**ブレトンウッズ体制**が構築されました。ブレトンウッズ体制下では、米ドルのみが金1オンス＝35ドルで金と交換でき、米ドルと各国通貨の相場が定められました。当時のドル／円レートは360円でした。

🔽 **ブレトンウッズ体制**

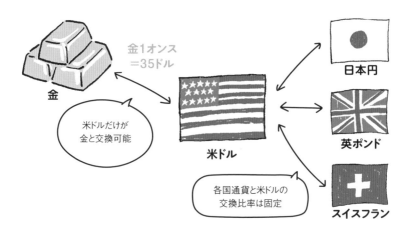

　このブレトンウッズ体制は**ニクソンショック**が起こるまで続きました。ニクソンショックとは、1971年にニクソン大統領が**金と米ドルの交換停止**や経済政策を発表したことに端を発した経済ショックです。ニクソン大統領が金と米ドルの交換停止を発表した理由は、ベトナム戦争による軍事費拡大や経済の発展により、多くの金が国外に流出して、金と米ドルの交換が物理的に不可能になったためです。

　その後、先進国の多くは、通貨の価値が変動する現在のような変動相場制に移行します。

03 円高と円安は どっちがいいの?

海外旅行に行く日本人であれば円高が、
海外からの旅行者は円安がお得になります。

円高は円の価値が上がり、 円安は円の価値が下がる

円高や円安という言葉は経済ニュースで毎日のように耳にすることでしょう。**円高とは円の価値が上がること、円安とは円の価値が下がること**です。

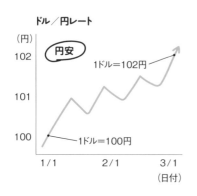

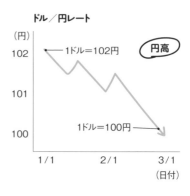

1ドルがある時点から値上がりすれば円安、値下がりすれば円高です。なぜ値上がりしているかのように見えるのに、「円安」と呼ぶのでしょうか。具体例で確認しておきましょう。1ドル＝100円であれば100円を支払えばドルと交換できたのに、1ドル＝

102円になると同じ1ドルを手に入れるのに102円必要になります。つまり円の価値が下落しているのです。たとえば…。

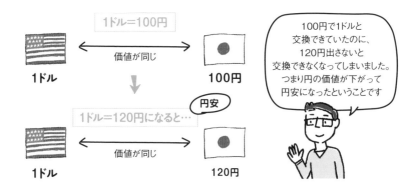

100円で1ドルと交換できていたのに、120円出さないと交換できなくなってしまいました。つまり円の価値が下がって円安になったということです

一方、1ドル＝100円から1ドル＝90円になると、これまでは100円支払わなければ1ドルを入手できなかったのに、90円で1ドルを手に入れられます。つまり、円の価値が上がったといえます。

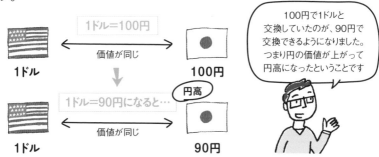

100円で1ドルと交換していたのが、90円で交換できるようになりました。つまり円の価値が上がって円高になったということです

円高は輸入産業の利益が増え、円安は輸出産業の利益が増える

円高が進行して喜ぶのは輸入にかかわる企業です。アメリカの企業から商材を輸入している企業は、アメリカ企業にドルで仕入代金を支払います。100万ドル分を仕入れた場合、1ドル＝100円

のときの仕入代金は1億円です。ところが、1ドル＝90円になると仕入代金は9000万円。値下げ交渉もコストダウンのための社内努力もしていないのに、1000万円も利益が増えるのです。

　一方、輸出企業は円安が進行すると利益が増えます。アメリカ企業に製品を出荷している企業は、製品の代金をドルで受け取ります。100万ドル分の製品を販売した場合、1ドル＝100円の場合の売上は1億円ですが、1ドル＝110円になれば1億1000万円です。日本では輸出金額と輸入金額がほぼ拮抗しており、円高・円安いずれに進んでも、多くの企業に影響が及びます。

海外旅行は円高がお得

　日本人が海外旅行に行く場合は円高がお得です。海外旅行に行くとき、日本円を外貨に両替します。アメリカ旅行の場合は米ドルです。50万円分のアメリカドルを持っていくケースで考えてみましょう。1ドル＝100円の場合、5000ドルに両替できます。円高が進行して1ドル＝80円になった場合、6250ドルも手に入ります。この間、アメリカ国内の物価が変わらなければ、アメリカ旅行中に、より多くのお土産を買えますし、ぜいたくな食事も楽しめます。

　逆にアメリカから日本を訪れる観光客は円安が進行すると、手に入る日本円が増えます。1ドル＝100円のときに50万円分を入手する場合、5000ドルが必要ですが、1ドル＝120円であれば約4166ドルで足ります。5000ドルを両替すれば60万円が手に入りますので、日本旅行がよりゴージャスになるでしょう。

04 どんな通貨が取引されているの?

外国為替市場では、多くのメジャー通貨・マイナー通貨が取引されています。

世界のメジャー通貨とマイナー通貨

メジャー通貨は、主要通貨や国際通貨とも呼ばれ、明確な定義はないものの以下の条件を満たす通貨です。

- 取引量や参加者が多い
- 流動性が高い
- 国の貿易量やGDP（国内総生産）が大きい

IMF（国際通貨基金）では、米ドル、ユーロ、日本円、英ポンド、中国人民元を「主要通貨」と位置づけています。IMFは加盟している国の為替政策の監視や、国際収支が悪化した国へ融資を行っている国際機関です。IMFについて詳しくは68ページで説明しています。

マイナー通貨とは、メジャー通貨とは反対に、取引量が少なく、流動性が低い通貨のことです。マイナー通貨としてよく知られているのは、南アフリカランドやトルコリラです。マイナー通貨の多くは、「新興国通貨」と呼ばれ、値動きが激しく値上がりが期待できる一方で、急激な下落リスクもあります。

売買する通貨の組み合わせが通貨ペア

通貨ペアとは、売買する通貨の組み合わせのことをいいます。たとえば、ドルと円、ドルとユーロ、ユーロと円などです。通貨ペアは、「ドル／円」、英語なら「USD／JPY」のように表示します。この「／」で区切られた左側を**基準通貨**、右側を**決済通貨**と呼び、基準通貨1単位あたり決済通貨いくらと交換できるかを表しています。たとえば、「ドル／円＝100」であれば、1ドルあたり100円で交換できることを意味しています。

「ドル／円＝100」のように、**外貨を基準通貨にする表示方法を自国通貨建て**といい、反対に「円／ドル＝0.01」のように**自国通貨を基準通貨にする表示方法を他国通貨建て**といいます。

また、通貨ペアを構成する2つの通貨のうち、どちらの通貨が基準通貨になるかは慣習で決められています。よく使われる通貨の場合、ユーロ、英ポンド、オーストラリアドル、ニュージーランドドル、米ドル、カナダドル、スイスフラン、日本円の順番に優先

されます。日本円の優先順位が低いのは、日本円の桁数が、ほかのほとんどの通貨に比べて多いことも理由の1つです。もし日本円を基本通貨にしてしまうと、1ドル100円の場合、「円／ドル＝0.01」となり、わかりにくくなってしまいます。

◯ **基準通貨となる通貨の優先順位**

1位	ユーロ	5位	米ドル
2位	英ポンド	6位	カナダドル
3位	オーストラリアドル	7位	スイスフラン
4位	ニュージーランドドル	8位	日本円

― 流動性の高い通貨・通貨ペアの取引が多い

　最も取引高、シェアが大きい通貨ペアがユーロと米ドルのペアです。ついで、米ドル／日本円、英ポンド／米ドル、オーストラリアドル／米ドルが大きな割合を占めています。

　通貨別の取引高ランキング上位7位は米ドルとのペアです。外国為替市場において、基軸通貨である米ドルは中心的な役割を担っています。

◯ **通貨ペア別1日の平均取引高（2019年4月）**　単位：10億米ドル

順位	通貨ペア	取引高	シェア	順位	通貨ペア	取引高	シェア
1位	ユーロ／米ドル	1,584	24.0%	4位	オーストラリアドル／米ドル	358	5.4%
2位	米ドル／日本円	871	13.2%	5位	米ドル／カナダドル	287	4.4%
3位	英ポンド／米ドル	630	9.6%	6位	米ドル／中国人民元	269	4.1%
				7位	米ドル／スイスフラン	228	3.5%

出典：BIS『Triennial Central Bank Survey Foreign Exchange turnover in April 2019』のデータをもとに作成

外国為替取引では、流動性が高い通貨・通貨ペアが取引の中心となります。**流動性とは通貨の取引量の多さや取引のしやすさ**のことを指し、多い場合には流動性が高い、低い場合には流動性が低いといいます。米ドルやユーロは大きな経済圏をもち、各国の中央銀行による外貨準備のための購入などで支えられているため、高い流動性が期待されます。

　たとえば、流動性の低い通貨を購入すると、いざ売ろうとしたときに買いたい人が少ないため、取引がなかなか成立しなかったり価格変動が起きてしまったりするおそれがあります。一方でドルやユーロなどの流動性の高い通貨であれば、売りたい人も買いたい人も多くいるため、希望の値段での取引が素早く成立する可能性が高いです。

　このように、**通貨の流動性が高いと安定した取引ができる**ため、外国為替取引において流動性は重視されています。

05 為替レートは どうやって決まるの?

需要と供給によって決まります。

需要と供給のバランスで為替レートが決まる

通貨に限らず、一般的に「**欲しい人が多く、供給が少ない**」物の**値段は高くなり、「欲しい人が少なく、供給が多い」物の値段は安くなります。**オークションサイトやフリマサイトなどで、人気のアイテムが高騰していることがありますが、欲しい人が多く流通量が少ないため価格が高騰しているのです。

為替レートも同様に、需要と供給のバランスで決まります。「円を買いたい人」が「円を売りたい人」より多ければ円高になり、逆の場合は円安になります。

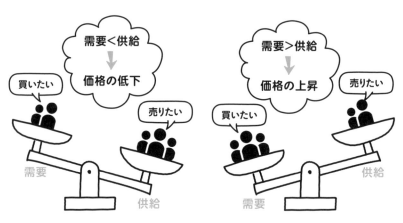

需要と供給のバランスに影響を与える要因にはさまざまなものがありますが、中でも**多くの人が影響を与えると考えている経済的・社会的な情報（統計）やデータ**のことを「**材料**」といいます。

実需とは必要があって行われる取引

　通貨の需要は、実需と投機の2つに分けられます。**実需とは実際に通貨を使う目的があり外国為替取引を行うことで、投機とは利益を得るために為替取引を行うこと**を指します。

　代表的な実需の取引が、海外旅行、海外送金、輸出入の決済、外国債券、外国株式の購入などです。また海外企業の買収や外国企業への投資のための外貨の購入も、実需の取引といえます。実需の取引の中には、為替取引で生じるリスクをヘッジするための先物取引も含まれます。

　たとえば、日本からアメリカへの輸出が増加した場合、代金としてドルを受け取るため、ドルを円に交換する必要があります。すると、円の需要が増えるので円高の要因となります。

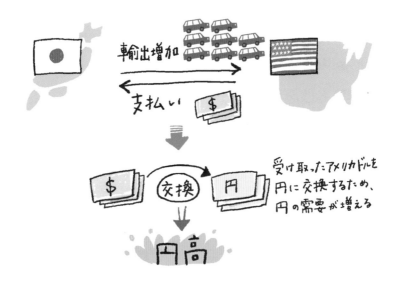

ただ、実際には実需による商取引などにより大きく相場が変動することはほとんどありません。その理由は、外国為替取引全体のうち実需による取引は1〜2割ほどであり、投機による取引が8〜9割を占めているためです。実需による取引は投機とは異なり、目的に応じて「買う」または「売る」のどちらかを一度だけ行う取引であり、何度も繰り返されることはありません。ただし、**実需は市場の大まかな方向性を左右する**と考えられています。

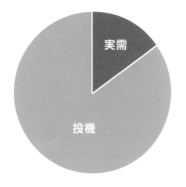

▼ 外国為替取引は投機がメイン

━ 投機とは利益を得るために行われる経済活動

投機とは、**短期的な相場変動の機会をとらえて利益を得るために**為替取引を行うことを指します。外国為替取引における投機的

な為替取引は、将来の値上がりや値下がりを予想して当該通貨の売買を行います。

　たとえば、現在のドル／円レートが100円で、ドル高になると予想した場合は、円を売ってドルを買う取引を行うことになります。予想通り1ドル＝120円のドル高になれば、利益を得られます。一方で予想に反して、ドル安に進むと損失が出てしまいます。

🔻 **投機的な為替取引の例**

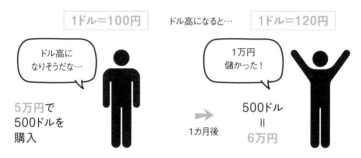

1ドル＝100円 　ドル高になると… 　1ドル＝120円

ドル高になりそうだな…

5万円で500ドルを購入

1カ月後

1万円儲かった！

500ドル＝6万円

　投機的な為替取引の特徴としては、短期間での売買が多く、反対売買が必ず発生する点です。**反対売買とは、通貨を「買ったあとに売る」もしくは「売ったあとに買う」といった取引**のことを指します。投機的な取引は一般的に額が大きいことが多いですが、この反対売買が行われるため、中長期的にはあまり市場に影響を与えないといわれています。

　投機的な外国為替取引の代表例が、ヘッジファンドによる取引です。ヘッジファンドとは、投資家から資金を集めて運用を行っているファンドのことです。ヘッジファンドについて詳しくは64ページで説明しています。また個人を中心に人気を集めているFX（外国為替証拠金取引）や外貨預金も投機目的の外国為替取引といえます。これらの為替を使った金融商品については第4章で詳しく説明しています。

06 円・ドル以外のレートは どうやって決まるの?

米ドルの為替相場をもとにして計算されます。

● 米ドルを含む通貨ペアは「ドルストレート」

外国為替取引の中心は米ドルです。米ドルは基軸通貨として世界各国で取引されていますので、ほとんどの国で最も多い取引は自国通貨と米ドルの通貨ペアになります。

この**米ドルの含まれる通貨ペアをドルストレート**といいます。米ドルと直接取引するため**ストレート通貨ペア**と呼ばれることもあります。米ドル／日本円、英ポンド／米ドル、ユーロ／米ドル、米ドル／中国人民元といった通貨ペアが代表的です。

▼ ドルストレートの例

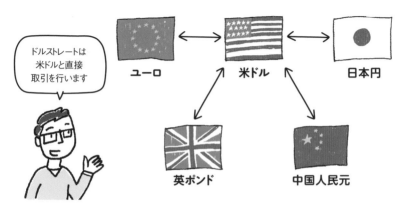

米ドルを含まない通貨ペアは「クロスレート」

ドル以外の通貨だけで通貨ペアが組まれることもあります。米ドルを含まない通貨ペアの取引は、多くの場合**米ドルを介して取引**が行われます。たとえば、日本円を売って英ポンドを買う場合、いったん日本円を売って米ドルを購入し、その米ドルを売って英ポンドを購入します。

このときに用いられるレートを**クロスレートと呼び、米ドルを基準に計算されます**。英ポンド／ユーロなど、例外的に米ドルを介さずに直接市場で取引される通貨ペアもありますが、ほとんどの米ドル以外の通貨ペアはこのクロスレートによって為替レートが決定されています。そのため、**クロス通貨ペア（合成通貨ペア）**と呼ばれることもあります。

代表的な合成通貨ペアは、英ポンド／日本円、ユーロ／スイスフランなどです。クロス通貨ペアの中でも日本円の含まれた通貨ペアの為替相場を**クロス円相場**と呼ぶこともあります。

🔻 ユーロ／円のクロスレート

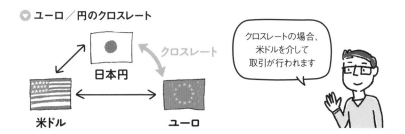

クロスレート

日本円

米ドル　　　　　　　　ユーロ

> クロスレートの場合、米ドルを介して取引が行われます

クロスレートの計算方法

クロス円相場のクロスレートの計算方法は、その国の通貨の表示方法によって2通りです。25ページで説明したように、米ドルに対する為替相場の表示方法は自国通貨建てと他国通貨建ての2種類があり、それによって計算方法が異なります。

・自国通貨建て同士の場合

米ドルに対し自国通貨建ての表示方法を採用しているのは、日本円、スイスフラン、カナダドルなどです。**自国通貨建て同士の通貨ペアのクロスレート計算方法は、ドル／円相場を相手通貨の対ドルの為替相場で割ります。**

たとえば、1ドル＝110円、1ドル＝1.1スイスフランのときにスイスフラン／円のクロスレートを計算したい場合は、110÷1.1で100円となります。

🔽 スイスフラン／日本円のクロスレート

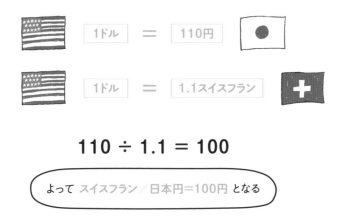

・相手が他国通貨建ての場合

米ドルに対し他国通貨建ての表示方法を採用しているのは、ユーロ、英ポンド、オーストラリアドルなどです。**他国通貨建ての通貨と円のクロスレート計算方法は、ドル／円の為替相場に相手の対ドルの為替相場をかけます。**

たとえば、1ドル＝110円、1ポンド＝1.3ドルのときにポンド／日本円のクロスレートを計算したい場合は、110×1.3で143となります。

▼ 英ポンド／日本円のクロスレート

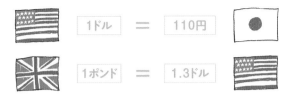

$$110 \times 1.3 = 143$$

> よって 英ポンド／日本円＝143円 となる

━ ストレート通貨ペアとクロス通貨ペアの特徴

　ストレート通貨ペアとクロス通貨ペアにはそれぞれ特徴があります。**ストレート通貨ペアは、値動きが安定していて短期間で相場が大きく動くことは珍しい**のですが、**クロス通貨ペアは乱高下しやすい**傾向にあります。その理由としては、クロス通貨ペアを構成する通貨によっては流動性が低いことや、米ドルを介した取引をしているためにドルストレートの影響を常に受けていることが考えられます。たとえば、ポンド／日本円相場は比較的取引量の多いクロス通貨ペアですが、為替相場の中でも荒い値動きで知られています。

　このようにストレート通貨ペアとクロス通貨ペアのそれぞれの意味と動きの特徴を押さえておくとよいでしょう。

	ストレート通貨ペア	クロス通貨ペア
主な通貨ペア	米ドル／日本円、英ポンド／米ドル、ユーロ／米ドル など	英ポンド／日本円、ユーロ／スイスフラン など
特徴	値動きが比較的安定	値動きが比較的激しい

07 為替レートが変わらない国もあるの?

為替レートを固定している国もあります。
日本も昔は固定レートでした。

― 固定相場制と変動相場制

　現代では、日本や欧米諸国など先進国のほとんどが外国為替市場での取引に任せてレートが変わる**変動相場制**を採用しています。一方で、国が決めた為替レートにレートを固定する**固定相場制**を採用している国もあります。

　また、現在は変動相場制を採用している国も時代によっては固定相場制を採用していたことがあります。固定相場制や変動相場制の中にもさまざまな種類があるので、詳しくみていきましょう。

▼ さまざまな通貨制度

| 通貨同盟 | ダラライゼーション | カレンシーボード制 | ドルペッグ制 | バスケット制 | 管理変動相場制 | 自由変動相場制 |

固定的 ←――――――――――――――――――→ 変動的

国が為替レートを一定に保つ固定相場制

固定相場制は**ある特定の水準に為替レートを固定する制度**です。途上国や新興国では固定相場制が採用されやすい傾向があります。

・ドルペッグ制

為替レートをドルに固定する固定相場制のことをドルペッグ制といいます。日本でも1973年までは1ドル＝360円の固定相場を採用していました。ドルペッグ制など、1つの通貨に為替レートを固定するしくみを「単一通貨固定相場制」と呼びます。基本的には経済的に不安定な国が導入することが多い傾向です。

・カレンシーボード制

カレンシーボード制とは、外貨との固定相場を維持するために、**中央銀行が自国通貨と同価値の外貨を準備しておく制度**です。香港で採用されています。カレンシーボード制においては、自国通貨が外貨に裏付けされているため、自国通貨の相場が安定します。ほとんどの場合、カレンシーボード制は米ドルとの固定相場制を維持するために採用されます。

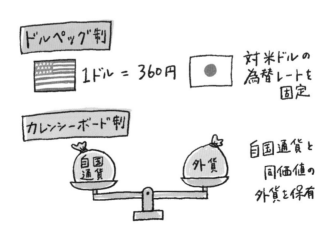

・ダラライゼーション・通貨同盟

　自国の通貨がインフレーションなどによって、通貨危機に陥った場合に、「**通貨のドル化**」(ダラライゼーション)が実施されることがあります。公式に米ドルを法定通貨としている国は、パナマやエクアドル、エルサルバドル、グアテマラ、東ティモールなどです。通貨のドル化は、自国の通貨がなく法定通貨が外貨になるので完全な固定相場制といえます。またユーロにみられるような、複数の国で同一の通貨を利用する「**通貨同盟**」も固定相場制の1つであるといえます。ユーロが導入された際、ドイツのマルクやフランスのフランなどの通貨は廃止されました。

・バスケット制

　バスケット制とは**複数の外国の通貨と自国の通貨を連動させる**固定相場制の1つです。複数の通貨を「バスケット」に入れていることに見立てて「バスケット制」と呼ばれます。バスケット制はドルペッグ制と同様に、他国の通貨に完全に連動しますので、固定相場制の1つです。現在は完全なバスケット制を導入している国はありませんが、中国は通貨バスケット制を参考にした管理変動相場制を導入しています。

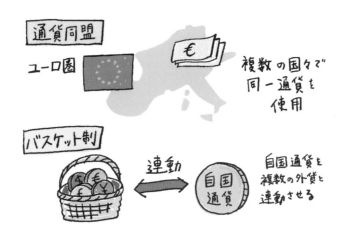

為替レートが経済や政治に応じて変わる変動相場制

　変動相場制は外国為替市場での取引に任せてレートを変動させる制度で、日本を含む先進国のほとんどの国で採用されています。変動相場制は**フロート制**と呼ばれることもあります。変動相場制には**自由変動相場制**と**管理変動相場制**があります。

　自由変動相場制は、為替相場を基本的に市場に委ねている変動相場制度です。管理変動相場制とは、為替レートをある一定の変動幅に抑える目的で**必要に応じて国等が市場に介入します。**介入のタイミングや基準などは公開されていません。中国は通貨バスケットを参考にした管理変動相場制です。中国がバスケットに入れている通貨は24カ国分。それぞれが均等にウェイトをかけられているわけではなく、貿易の規模等によって比重が変えられています。

- ・為替レートは市場に委ねる
- ・国の介入は基本的に行われない

米ドル　日本円　英ポンド　など

- ・必要に応じて国が市場に介入する

中国人民元　ロシアルーブル　マレーシアリンギット　など

08 為替で得をするしくみ・損をするしくみは？

買った値段より高く売れれば利益が出ます。

為替レートの変動による利益が差益で、損失が差損

　為替レートは日々変動していますので利益が出ることもあれば、損失が出ることもあります。買った値段よりも高くなったときに売れば利益が出ます。これが**為替差益**です。たとえば、1ドル＝100円のときに10ドルを購入して、1ドル＝120円のときに売却をすれば、200円の為替差益が生じたことになります。

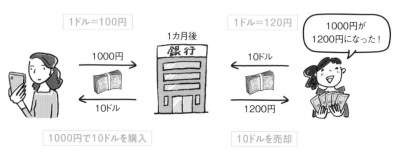

1200-1000＝200円の為替差益が生じた

　一方、買った値段よりも安くなってから売ると、損失が出ます。これを**為替差損**といいます。たとえば、100円で購入したドルを1ドル＝90円のときに売却すれば、10円の為替差損が生じます。

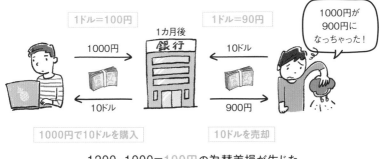

1200-1000＝100円の為替差損が生じた

為替レートの変動で得をする人・損をする人

　為替レートの動きは輸入企業・輸出企業だけでなく、投資家や外貨建ての生命保険加入者にとっても大きな関心事です。

　たとえば海外企業や生産者と大量に取引をしている商社は数億円単位で仕入れを行っています。1ドル＝100円を想定して、ブルーベリー10トンを1000万ドルで購入する契約をしていた場合、2円円高が進むだけで、仕入価格が2000万円も安くなります。一方で2円円安が進めば、仕入価格を余計に2000万円も支払わなければなりません。

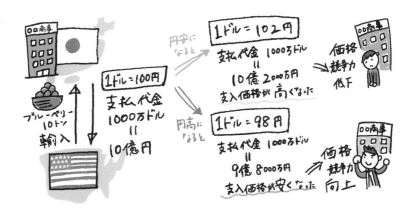

また、ドル建ての投資信託（P.64参照）を購入している場合も同様に為替差益・為替差損が生じる可能性があります。投資信託の対象としている資産の値動きだけでなく為替レートによっても利益額・損失額が増減します。たとえば、1ドル＝100円のときにドル建ての投資信託を1000ドル（10万円）分購入し、1年後にその商品が1200ドルに値上がりしていたとします。そのときに円高が進み、1ドル＝80円になっていたら、9万6000円にしかなりません。つまり為替差損が出てしまいます。

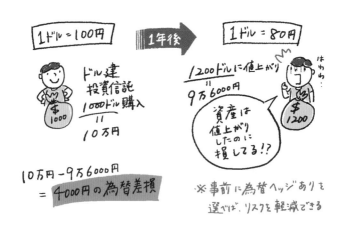

　このような為替差損によるリスクを軽減するために「**為替ヘッジ**」を設けている投資信託も少なくありません。為替ヘッジとは、上の例のような為替差損による損失を軽減するために行います。為替ヘッジありの投資信託を選択すれば、たとえば、「1年後に1ドル＝100円で円に戻す」というように、**実際の1年後の為替相場にかかわらずあらかじめ決めておいたレートで取引をすること**ができます。これを**為替予約**といいます。ただし、一定の**ヘッジコストを支払う必要があり、円高になった場合の為替差益を受け取ることはできません。**外貨建ての投資信託について詳しくは150ページで解説しています。

── 外貨預金・FXは為替差益と金利収入を狙った商品

外貨預金やFXなどの金融商品は、為替差益と金利収入を得ることを目的にした商品です。

外貨預金は、将来価格が上がると見込まれる国の通貨を購入して、通貨の価格が上昇した際に売却をすれば利益が出ます。また、外貨のほうが日本円より金利が高いことが多いため、為替差益が得られなくても金利収入が見込めます。ただし、外貨預金はある程度の資産がなければ大きな利益を得ることが難しい金融商品です。外貨預金について詳しくは126ページで解説しています。

そこで人気を集めているのがFXです。FXは手持ちの資金よりもはるかに大きな額を取引できますので、短い期間であっても大きな利益を得られる可能性を秘めています。一方で、手持ち資金の10倍を超えるような取引をしていると、値動きが荒いときに、あっという間に手持ちの資金がなくなるリスクもあります。**FXは、為替差益を最大限得られると同時に、為替差損も最大限生じる**おそれがあり、短期間で売買を繰り返す投資家が多い傾向です。詳しくは130ページで解説しています。

	外貨預金	FX
利益の出し方	・安く買って高く売る ・金利収入を得る	・安く買って高く売る ・高く売って安く買い戻す
リスク	比較的低い	比較的高い
利息	あり	あり
資金	手持ちの資金の範囲内で取引	手持ちの資金の25倍まで取引できる

Column 1

この50年で
ドル円レートはどのように動いた?

　米ドルと日本円のレートは、1971年のニクソンショックを契機に1ドル＝360円の固定相場制から変動相場制に移行します。その後、現在までの推移を為替相場が大きく動いたできごととともに振り返ってみましょう。

　1973年には第一次石油ショックにより300円近くまで円安に、その後1976年から1978年にかけては日本の貿易黒字の拡大などにより円高・ドル安が進み、1ドル＝176円台をつけます。この円高・ドル安に終止符を打とうとしたのが、アメリカのカーター大統領です。1978年にカーター大統領は、日本を含めた先進国による協調介入の強化、公定歩合の引き上げなどを含む大胆な金融政策を行うことを宣言し、その結果、ドル円相場は急激に円安が進みました。これをカーターショックといいます。

　1980年代前半は円安ドル高基調で推移したため、今度は行き過ぎたドル高を是正することが、1985年9月のプラザ合意（→116ページ）で決定され、それを受けてドル円相場は円高に進みました。1990年代に入ると、バブル崩壊で再び大幅に円高ドル安が進行して79円台に。主要国が、円安対策を講じて147円台まで戻しました。これが1998年8月のことです。

　その後も円高、円安とトレンドはめまぐるしく転換。近年では東日本大震災の発生により大幅に円高が進みましたが、現在は1ドル110円前後を保っています。

外国為替市場の
しくみを知ろう!

ニュースなどで「外国為替市場」という言葉を耳にしますが、
いつ誰がどこで何を取引しているのでしょうか?
また、「先物取引」「オプション取引」「スワップ取引」など
取引方法の多い外国為替市場のしくみを
具体的に説明していきます。

09 外国為替市場ってどこにあるの?

実態はなく、その時刻に取引の中心となっている国や都市の名前がつけられています。

外国為替市場という取引所はない

ニュースでは、「東京外国為替市場では1ドル108.45円で取引されています」などと報道されるため、東京のどこかに外国為替市場が存在するような印象を受けるかもしれません。しかし、実際には**東京外国為替市場という取引所は存在しません。**

外国為替取引とは、取引所を通さずに売り手と買い手が1対1で取引を行う**相対取引**です。そのため、実際には**世界中の銀行や投資家などが、自身のパソコンや端末から24時間外国為替取引を行っています**。この取引が行われている実態のない市場を外国為替市場と呼んでいます。

また、その時刻に取引の中心になっている国や都市名から「東京外国為替市場」「ロンドン外国為替市場」などと呼ばれています。

市場にはインターバンク市場と対顧客市場の２種類がある

外国為替市場は、一般的に銀行などの金融機関同士が取引する**インターバンク市場（銀行間市場）**と、銀行などの金融機関と個人や事業法人などが取引する**対顧客市場**の2つに分けられます。

インターバンク市場では各国の中央銀行、銀行、証券会社、為替ブローカーなどが取引を行っていて、ニュースなどで外国為替市場という場合にはこのインターバンク市場を指します。インターバンク市場での具体的な取引方法などについては54ページで説明しています。

一方、対顧客市場では、銀行と事業法人や機関投資家、個人投資家などが取引を行っています。機関投資家については62ページで詳しく説明しています。

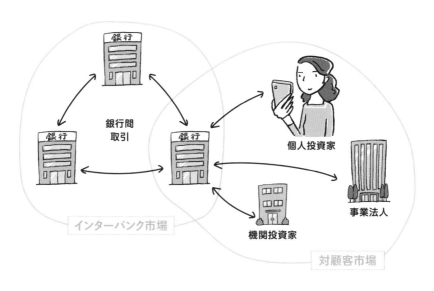

● 外国為替市場の1日の取引高は約6.65兆米ドル

2019年に**国際決済銀行 (BIS)** が発表した為替取引量の統計によると、世界中の外国為替市場の1日の取引高は約6.65兆米ドルで、日本円にすると約735兆円になります。日本の2021年の国家予算は約106兆円なので、比べるとその大きさがわかります。

● **外国為替市場の1日あたり取引高 (2019年4月)**

出典：BIS『Triennial Central Bank Survey Foreign Exchange and OTC Derivatives Markets in April 2019』のデータをもとに作成

東京外国為替市場の1日の取引高は平均3755億米ドルですので、世界の為替取引のうち5%強を東京外国為替市場が担っていることになります。国際決済銀行とは、世界の中央銀行が加入している国際機関で、スイスに本部があります。日本銀行は1994年以降、理事会のメンバーです。国際決済銀行は3年に一度、為替取引量の調査を行い、その結果を公表しています。

● 通貨の取引高は米ドル・ユーロ・日本円の順

この国際決済銀行による調査では、通貨の取引高は**米ドルが全体の88.3%、ユーロは32.3%、日本円は16.8%**を占めています（外国為替取引では2つの通貨が同時に取引されるため、合計値は200%になる）。日本円は2016年の同調査と比較すると約5%も減少しています。一方で増加しているのが**新興国通貨**です。新

興国通貨の取引高の割合は24.5%と、大きくシェアを伸ばしています。

● **外国為替市場で取引される通貨のシェア**

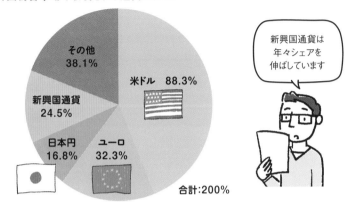

出典：BIS『Triennial Central Bank Survey Foreign Exchange turnover in April 2019』のデータをもとに作成

　東京外国為替市場にスポットをあてると、最も取引が多い通貨は日本円で、全体の38.9%、次いで米ドルが38.5%、ユーロが9.9%です。ユーロは前回の調査から大きくシェアを増やしました。**日本では米ドル／日本円の取引が変わらず好まれている**ことがわかります。

　主要通貨のうち、取引高のシェアが下がったのは日本だけでした。日本円のシェアが下がった要因の1つには、日本国内でFXを行う個人投資家の好みの変化があるといわれています。2012年に**アベノミクス**と呼ばれた、①大胆な金融政策、②機動的な財政出動、③民間投資を喚起する成長戦略の3つを柱とする経済政策が開始された直後は急激に円安が進みましたが、2019年になると当初ほどの大きな値動きがみられなくなりました。したがって、個人投資家は日本円よりも大きな値幅を見込めるほかの通貨を取引するようになったという説です。

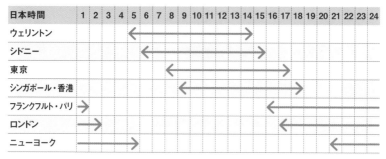

10 外国為替は いつ取引されている?

外国為替取引は世界中で24時間行われています。

━ 外国為替市場は24時間取引ができる

　外国為替市場では世界中で24時間取引が行われています。そして、**その時間帯に最も盛んに取引が行われている国・地域の名称から「○○外国為替市場」と呼ばれています。**

　たとえば、日本時間の午前8時から午後5時までは日本人や日本の銀行が中心になって外国為替取引を行いますので、その時間帯を**東京外国為替市場**と呼んでいます。最も早い時間に取引がはじまるのがニュージーランドのウェリントンで、オーストラリアのシドニー、東京と、時間が経過するにしたがって主な取引市場が移っていきます。

● 主な外国為替為替市場の取引時間帯

日本時間	1	2	3	4	5	6	7	8	9	10	11	12	13	14	15	16	17	18	19	20	21	22	23	24
ウェリントン					←――――――――――――→																			
シドニー							←――――――――――→																	
東京									←――――――――――→															
シンガポール・香港										←――――――――→														
フランクフルト・パリ	→															←―――――――→								
ロンドン	→																←――――――→							
ニューヨーク	←―――――→																						←→	

また、市場によって取引高が大きく異なりますので、取引高が少ない市場のみで取引が行われている時間帯は、それほど値動きがみられず、思うように取引が成立しない可能性もあります。

市場の取引高1位はロンドン市場

　取引高が多い市場では、値動きが活発になるため利益・損失ともに生じやすい傾向にあります。FXなどの短期投資目的で外貨を保有する予定のある人は、市場の取引高にも注目しておきましょう。2019年の国際決済銀行の調査によると**最も取引高が多い市場はロンドン市場で、ニューヨーク、シンガポール、香港、東京の順**でした。ロンドン市場の取引高が1位の理由は、ロンドン市場の取引時間帯が、アジア市場・ニューヨーク市場とも重なっているためです。

🔻 **主な市場の1日あたり取引高シェア（2019年）**

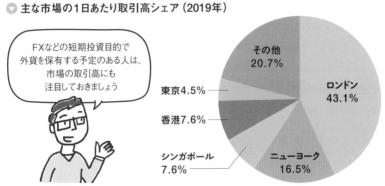

FXなどの短期投資目的で外貨を保有する予定のある人は、市場の取引高にも注目しておきましょう

その他 20.7%
東京4.5%
香港7.6%
シンガポール 7.6%
ロンドン 43.1%
ニューヨーク 16.5%

出典：BIS『Triennial Central Bank Survey Foreign Exchange turnover in April 2019』のデータをもとに作成

　2010年までは東京外国為替市場のシェアが世界3位だったため、ロンドン、ニューヨークに加えて東京が「世界三大市場」に数えられていました。かつて東京市場では、個人投資家の存在感が大きく、日本の主婦やサラリーマンなど小口の個人投資家が昼休

みの時間に大きく相場を動かしたことから欧米の報道機関により「**ミセス・ワタナベ**」という愛称がつけられました。しかし、国内企業が海外生産比率を上げて、為替リスクを減らしたこともあり現在では東京市場よりも**シンガポール**、**香港**のシェアが拡大しています。

　世界一の市場規模を誇るロンドン市場の取引高は、日本のおよそ10倍であることからもその規模の大きさがわかります。**もっとも取引高が多いロンドン市場と、その次に多いニューヨーク市場の取引時間帯は、為替相場が大きく動く可能性が高い**といえます。つまり、FXなどの短期トレードを行っている人にとっては午後5時から午前5時までの12時間が重要といえます。

取引高は休暇や決算月の影響を受けやすい

　為替取引高は休暇や決算月にも影響を受けます。**とくに休日・休暇による為替市場の影響は顕著**です。「日本は平日で、欧米は休日」の場合、取引高が少なく値動きは小さくなる傾向です。反対に「日本は祝日で、欧米は平日」の場合は、欧米時間の取引は通常通り活発に行われます。

　数ある市場の中でも注目すべきは、取引高の大きいロンドン市場とニューヨーク市場の休場日です。ロンドン市場とニューヨー

ク市場が休場しているときは、大きな値動きは期待できません。

　また欧米・日本ともに休暇に入る8月は**夏枯れ相場**ともいわれ、取引量が減りやすい傾向です。12月も欧米企業がクリスマス休暇に入るため、取引量が減ります。また、日本の企業や金融機関の決算が重なる3月は取引が活発化します。

▼ **外国為替市場の季節による変動傾向**

| 1月 | 2月 | 3月 | 4月 | 5月 | 6月 | 7月 | 8月 | 9月 | 10月 | 11月 | 12月 |

日本企業決算

日本企業年度はじめ

夏季休暇（日本・欧米）

クリスマス休暇（欧米）年末年始休暇（日本）

・その年の最高値や最安値をつけやすい

・円高になりやすい
・市場の動きが活発になる

・円安になりやすい

・参加者が少なく、取引量が減る
・市場の動きが沈静化する

・参加者が少なく、取引量が減る
・ドル高になりやすい
・欧米企業決算に向けた動き

　海外市場の休日と年度末の企業の決算が重なる時期は、カレンダーやメモ帳にまとめておいて、いつもと値動きが違うことを覚えておくとよいでしょう。

11 誰が外国為替市場で取引をしているの?

取引の中心は銀行などの金融機関です。
機関投資家・個人投資家・中央銀行なども参加しています。

金融機関同士が取引する市場をインターバンク市場という

47ページでも触れましたが、外国為替市場はインターバンク市場と対顧客市場に分けられます。ここでは銀行同士が取引をするインターバンク市場についてみていきましょう。

まず、インターバンク市場では**銀行**に加え、各国の**中央銀行**、一部の**証券会社**、**短資会社**、**為替ブローカー**などがそれぞれの目的を持って取引を行っています。たとえば、銀行は為替差益を得たり顧客の為替取引を仲介したりするため、中央銀行は為替を安定させるため、為替ブローカー（仲立人）は銀行同士の取引を仲介して手数料を取るためにそれぞれ取引を行っています。

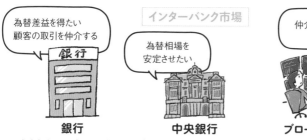

インターバンク市場

為替差益を得たい顧客の取引を仲介する

銀行

為替相場を安定させたい

中央銀行

仲介手数料が欲しい

ブローカー

※中央銀行は通常は取引を行わず、必要に応じて介入を行う

インターバンク市場での為替取引の方法はさまざまですが、現在では、コンピューター・システムが仲介を行う**電子ブローキング**が主流となっています。電子ブローキング以外の方法としては、為替ブローカーが仲介する**ボイス・ブローキング**、銀行同士が電話で取引を行う**テレフォン・マーケット**などの方法があります。

🔽 **インターバンク市場での取引方法**

電子ブローキング	コンピューター端末による仲介システムを使った取引方法
ボイス・ブローキング	為替ブローカーが売り手と買い手の仲介をする取引方法
テレフォン・マーケット	銀行同士が電話で行う取引方法

ニュースの円相場は銀行間取引による気配値

経済ニュースなどで、「今日の東京為替市場は1ドル＝111円40銭から43銭で推移しています」といった報道を耳にします。ここで報道されている為替レートはインターバンク市場での銀行間取引に使われるレートで、**インターバンクレート**といいます。といっても、実際の銀行間取引では、取引時に個別にレートを設定しているため、必ずこのレートが使われているというわけではありません。

　ニュースで報道される為替レートは、銀行が取引を希望している為替相場の平均値であり、**気配値**と呼ばれるものです。先ほど

の例でいうと、「円を売りたい」銀行の希望している売相場の平均が111円40銭、「円を買いたい」銀行の希望している買相場の平均が111円43銭という意味になります。

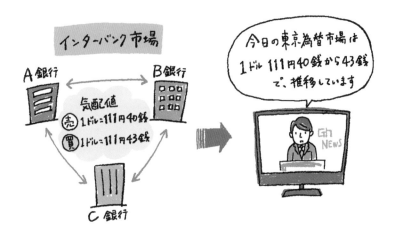

　ただし、私たちが両替や外貨預金をするために外国為替取引を行う場合には、このインターバンクレートで取引することはできません。インターバンクレートに手数料が上乗せされた**対顧客レート**で取引をすることになります。詳しくは58ページで説明しています。

─ インターバンクレートは「買相場」と「売相場」で表示される

　インターバンクレートは各銀行が取引の際に設定します。この、銀行が為替相場を設定することを**建値**するといいます。

　インターバンクレートには、**買相場**と**売相場**の2種類があり、買相場よりも売相場のほうが高くなります。これは、銀行も私たちと同じように、できるだけ安く買って高く売りたいと考えているためです。

この買相場のことを**ビッド**、売相場のことを**オファー**と呼ぶこともあります。このビッドとオファーの開きを**スプレッド**と呼びます。

ドル／円レート

ビッド（買相場）　**110.00**
↕ 0.4スプレッド
オファー（売相場）　**110.40**

銀行

このビッドとオファーの差がスプレッドです

　インターバンクレートのスプレッドは、**取引量が多い通貨ペアや取引量が多い時間帯であれば開きが小さくなり、逆に取引量の少ない通貨ペアや時間帯であれば大きく**なります。

ある日のドル／円レート

ビッド（買相場）　**110.00**
↕ 0.01スプレッド
オファー（売相場）　**110.01**

またある日のドル／円レート

ビッド（買相場）　**110.00**
↕ 0.05スプレッド
オファー（売相場）　**110.05**

スプレッドの開きが小さいときは取引量が多く、開きが大きいときは取引量が少ないと予想できます

　ただし、インターバンクレートのスプレッドは私たちが為替取引を行うときの対顧客レートのスプレッドほど開きが大きくありません。これは、インターバンクレートは業者同士が取引を行う卸価格、対顧客市場でのレートが小売価格のようなものと考えると理解しやすいでしょう。

12 海外に行った際の現地両替にレートが2つある理由とは?

海外で両替をするときの為替レートには、
買いと売りの2種類があります。

― 金融機関と顧客が取引をする「対顧客市場」

　海外旅行の際の両替は、金融機関と顧客が直接取引をする対顧客市場の取引の1つです。この対顧客市場での為替レートを、**対顧客レート(カスタマーズレート)**と呼びます。対顧客レートは、**TTM(電信仲値相場)**と呼ばれる銀行間で取引を行うときのインターバンクレートを参考にして決められます。TTMは、**Telegraphic Transfer Middle Rate**の略称です。TTMは午前10時時点での銀行間取引で使われるレートです。このTTMをもとにした対顧客レートには、現金取引のレートである**現金相場**と現金を扱わない取引のレートである**電信相場**の2種類が存在します。

海外に行った際に、銀行や空港で行う両替は現金による取引なので、現金相場が適用されます。一方、外貨の送金や外貨預金、トラベラーズチェックなどの直接現金を扱わない取引には電信相場が適用されます。

2種類の両替価格の差は手数料

　両替価格が2種類ある理由は、**購入価格**と**売却価格**がそれぞれ設定されているからです。金融機関にもよりますが、「ドルを買うときは105円、ドルを売るときは110円」というように開きがあります。この差額は銀行の手数料です。

　現金取引のほうが手数料が高く、電信取引は現金取引の半額以下の手数料に設定されていることが多い傾向です。またインターバンクレートのスプレッドと同様に、通貨の取引量によっても現金取引の手数料が異なります。**米ドルは取引量が多いため手数料が比較的安いですが、取引量が少ない通貨の手数料はさらに高くなります。**

　たとえば、2021年3月22日現在の米ドルの購入価格は111円92銭、売却価格は105円92銭です。英ポンドは購入価格が161円70銭、売却価格は139円70銭と大きな開きがあります。100ポンドを購入し、すぐに売却するだけで2万2000円も損をしてしまいます。

ポンド／円レートの例

ビッド（買相場）	**139.70**
オファー（売相場）	**161.70**

100ポンドを
1万6170円で購入し、
すぐに売却すると
売却価格は1万3970円。
買ったとたんに
価値が下がった！

対顧客レートは4種類

　海外での両替の際に目にするレートは2種類で、購入価格と売却価格と説明しましたが、それぞれの正式名称を**対顧客現金買相場**と、**対顧客現金売相場**といいます。現金売相場は**CASH S**（CASH Selling）、現金買相場は**CASH B**（CASH Buying）と表記されることもあります。一方で、電信取引のレートは、**TTS（対顧客電信売相場）**と、**TTB（対顧客電信買相場）**に分類されます。

　TTMから約1円マイナスor上乗せしたレートが電信相場で、さらに約2円マイナスor上乗せしたレートが現金相場です。TTMは毎営業日の午前10時頃の銀行間取引のレートに設定され、手続きが煩雑になるのを防ぐため1日の間で変動することはほとんどありません。

　TTMや対顧客レートは、以前はいくつかの特定の銀行が決め

◉ **対顧客レートの例**

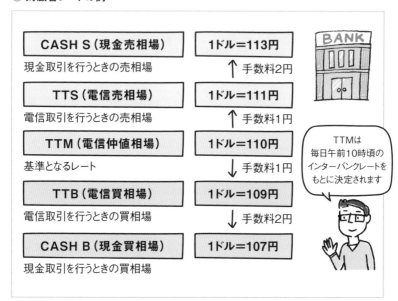

60

たレートを日本全国の銀行で一律に採用するというしくみでしたが、現在では各銀行が独自に設定できるようになっています。とはいえ、現在でも実質的にはどこの銀行でも横並びの同じレートを採用していることが多いです。対顧客レートについては、各銀行のホームページなどで確認することができます。

海外でクレジットカードを利用した場合の為替レート

たとえば、クレジットカードを海外で使用した場合の為替レートについて考えてみましょう。この場合の為替レートは、国際ブランドが定めるレートを利用します。ほとんどのクレジットカード会社では決済をした日ではなく、**決済情報がクレジットカード会社に到着した日のレート**が用いられます。

なお為替レートには1%から2%の**外貨取扱手数料**が上乗せされて請求されるので、実際に使用した金額よりも高い利用料が請求されます。

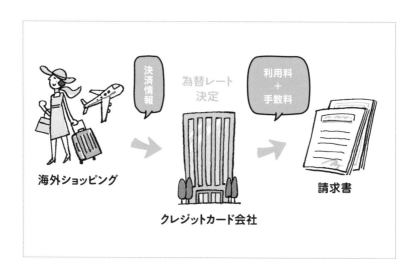

海外ショッピング　→　決済情報　為替レート決定　クレジットカード会社　→　利用料＋手数料　請求書

13 機関投資家って いったい誰ですか?

保険会社・年金基金・ヘッジファンドなど、
豊富な資金を運用している大口の投資家です。

● 大量の資金を運用している機関投資家

　機関投資家とは**外国為替市場や株式市場などで大きな資産を運用している企業や団体**です。機関投資家は基本的には、銀行などの金融機関の顧客です。銀行や証券会社同士は取引システムを用いて直接、もしくは間接的に通貨の売買を行っています。銀行や証券会社は、**マーケットメーカー**とも呼ばれます。

　機関投資家はマーケットメーカーである金融機関と取引を行いますが、その豊富な資金力によりマーケットメーカーをしのぐ影響力を持つといわれています。

インターバンク市場

マーケットメーカー

銀行

日本銀行

証券会社

対顧客市場

対顧客市場

保険会社

年金機構

ヘッジファンド

個人投資家

日本の厚生年金と国民年金の積立金を
管理・運用する年金積立管理運用独立行政法人（GPIF）も
有名な機関投資家の1つです

保険会社、年金基金、投資信託、ヘッジファンドが代表的な機関投資家

　外国為替市場における代表的な機関投資家は**保険会社**、**年金基金**、**投資信託**、**ヘッジファンド**です。基本的にはどの機関投資家も、顧客から預かった保険料や年金保険料、資産などを外国為替市場や株式市場、債券市場などで運用しています。中でも日本の公的年金を運用する年金積立金管理運用独立行政法人（GPIF）、日本銀行、共済年金、ゆうちょ銀行、かんぽ生命はその資金力と影響力の大きさから一般投資家から「クジラ」と呼ばれることもあります。

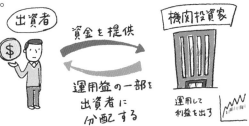

さまざまな機関投資家の特徴と取引傾向

　外国為替市場に参加する機関投資家が運用する資産の性質や取引の傾向を、機関投資家の種類別に説明します。

・保険会社

　生命保険会社や損害保険会社は、**契約者から預かった保険料で資産運用**を行います。運用する商品は**国内の株式市場のみならず外国債券や外国の株式**も含まれるため、為替取引を行います。日本国内の金利が低迷していることから、外国債券等の比重が高くなっており、生命保険会社や損害保険会社が保有する外貨資産の残高も増加しています。

・年金基金

　国民年金や厚生年金といった年金機関は、**加入者から集めた保険料の運用を生命保険会社や投資顧問会社など**に委任しています。運用を任された金融機関などは、リスクの分散のために外国の債券や株式への投資も積極的に行っており、2019年時点の年金積立金のうち約半分にあたる73兆5000億円ほどが外貨で運用されています。

・投資信託

　投資信託とは、**信託会社が顧客の資産を預かり、あらかじめ決められたルールにしたがって株式や債券等を購入し、顧客の代わりに資産を運用する**しくみです。投資信託には、**国内の株式**を対象にしたもの、**金や銀などの商品**を対象にしたもの、**海外の株式や債券・インデックス**を対象にしたものなどさまざまな種類があります。このうち外国の株式などを対象にした投資信託の運用をはじめるときには、多額の為替取引が必要になります。

・ヘッジファンド

　ヘッジファンドとは、**投資家から資金を集めて為替や株式、債券等で資産を運用するファンド**です。投資信託は銀行や証券会社等の金融機関を通じて広く加入者を募集する**公募形式**ですが、ヘッジファンドは主に限られた資産家から資金を集める**私募形式**です。そのため、比較的自由に運用することができます。

　ヘッジファンドは**市場の動向にかかわらず、必ず利益を出すという理念**のもと、トレードを行います。したがって、ほかの機関投資家に比べ、市場を混乱に陥れるような取引がみられることもあります。1997年のアジア通貨危機などもヘッジファンドが仕掛けたといわれています。

機関投資家の特徴

保険会社	契約者の保険料を運用 国内外株式・債券や外国を扱うため外国為替取引を行う
公的年金	GPIFが国民の年金保険料を運用
私的年金 （企業年金・ 個人年金など）	加入者の保険料の運用を生命保険会社や投資顧問会社などに委任 委任された金融機関は、積極的に外国債券や株式への投資を行う
投資信託	信託会社が顧客の資産を預かり、決められたルールにしたがって株式や債券などを購入して運用 外国の株式・債券などが対象の場合、為替取引を行う
ヘッジファンド	投資家から資金を集め、比較的自由に運用 市場の動向にかかわらず必ず利益を出すという理念のもと、取引を行う

　近年ではコンピューターのプログラムを利用した**アルゴリズム取引**を行うヘッジファンドも増えています。アルゴリズム取引のうち高頻度取引のことを**HFT**とも呼びます。HFTはわずか1秒の間に小口の取引を何度も繰り返し利益を出す取引手法です。この、高速・高頻度取引は、相場が一瞬にして急落する**フラッシュクラッシュ**の原因ともいわれています。

アルゴリズム取引の特徴

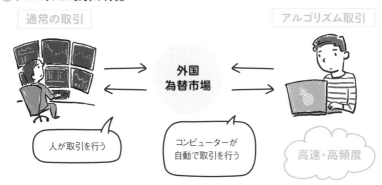

14 国や日本銀行も 円やドルを売買するの?

通貨価値や為替相場を安定させるために、
国や日本銀行も為替取引を行います。

為替レートの安定は通貨の信用力

36ページで説明したように、多くの先進国は変動相場制を採用しています。この変動相場制では為替相場は市場に委ねられているため、大きく変動するリスクがあります。**為替相場の大きな変動は経済に悪影響を及ぼし、その国の国際的な信用力が低くなってしまうおそれ**があります。

たとえば、円高が急激に進むと、輸出型企業の業績が悪化します。財務省が発表した貿易統計速報によれば、日本における2020年の貿易収支は6747億円の黒字ですので、円高が進むと困る企業が続出してしまいます。

為替相場が変動して、会社の経営に大きな打撃を受ける事態が増えると、企業は「為替相場が安定した国に本拠地を移そう」と検討するかもしれません。

　海外諸国の投資家や企業からも、為替相場が大きく変動する国の企業との取引は敬遠されてしまいます。

相場を安定させるため
為替取引を行う国と中央銀行

　そこで、為替相場の大きな変動を防ぎ、また安定させる目的で国や中央銀行が為替取引を行うことがあります。これを**為替介入**といいます。日本では、中央銀行である日本銀行に為替相場安定のための為替取引を行うようにと指示を出すのは**財務大臣**の仕事です。各国の中央銀行や国も日本と同様に為替相場を安定させるために為替取引を行います（P.169参照）。

　中央銀行や国が為替介入を行うためには、**自国の通貨だけでなく主要通貨を保有**している必要があります。そのために必要な準備資産を用意しておくことを、**外貨準備**といいます。その外貨準備のために、中央銀行や国が為替取引を行うこともあります。

外貨準備

ドル　ユーロ　ポンド

中央銀行は有事に備えて主要通貨を保有しています

IMFは為替相場の安定のためにつくられた

IMFはInternational Monetary Fundの略で、日本名は**国際通貨基金**です。IMFの設立目的は、貿易の促進や加盟国の国民所得の拡大、そして為替相場の安定です。IMFが設立されて業務が開始された1947年は、固定相場制度下にあったため、IMFが相場を維持するための資金援助を各国に行っていました。

1970年代に固定相場制度から変動相場制度に移行してからは、発展途上国への援助や融資も行っています。また、各国の経済や金融政策をモニターして、必要に応じて助言を行うのもIMFの業務の1つです。1994年のメキシコ通貨危機や1997年のアジア通貨危機以降、IMFは各国の金融危機を防止するための支援も強化しています。

IMFによる経済支援のための融資は、一般的にイメージするような融資とは異なります。IMFは支援国に対して、**準備資産の中から外貨を支払い**、支援国は**自国通貨をIMFに支払う**のです。そして返済ができる状態になったときに、IMFに**外貨を返却**して、**自国の通貨を買い戻します**。

現在のIMFは、危機予防のためにさらなる融資制度を創設。国際的な金融危機を予防して、加盟国の経済発展のために行われるIMFの取り組みは、時代に応じて柔軟に変化しています。

IMFに関する基本情報

- 現在の加盟国数：190カ国

- 本部：ワシントンD.C.

- 理事会：国もしくは国のグループを代表する理事24人

- スタッフ：150カ国より約2,700人

- IMFの主な役割：
  - 国際的通貨協力の推進
  - 国際貿易の拡大とバランスの取れた成長の促進
  - 為替安定の促進
  - 多国間決済システム確立の支援
  - 国際収支上の困難に陥っている加盟国への（適切なセーフガードを伴う）財源提供

- 出資割当額（クォータ）総計：4,770億SDR（6,870億ドル）

- 借入取極額：4,920億SDR（7,080億ドル）

- 融資取極に基づき設定された融資枠：2,000億SDR（2,880億ドル）。そのうち、未融資実行残高940億SDR（1,360億ドル）。

- 最大借入国：アルゼンチン、エジプト、ウクライナ、パキスタン

- 予防的融資の最大相手国：メキシコ、チリ、コロンビア

- 能力開発支出：2020年度に3億300万ドル。IMF総予算の3分の1近くを占める

出典：『IMF』ホームページのデータをもとに作成

15 先物取引って何ですか?

先に予約して、
一定期間後に決済する取引です。

すぐ決済する直物取引と将来決済する先物取引

為替取引には、現在のレートですぐに決済をする**直物取引**(じきものとりひき)と、一定期間後に決済することを予約する**先物取引**(さきものとりひき)の2種類があります。先物取引には、先物予約やスワップ取引などが含まれます。スワップ取引について詳しくは78ページで説明しています。

・直物取引

直物取引は売買契約の2営業日以内、もしくは決済と同時に外貨の受け渡しが行われます。この直物取引で使われるレートを**直物レート(スポットレート)**といいます。私たちが海外旅行などのために外貨を購入する場合は、直物取引です。

・先物取引

先物取引は、一定期間後に決済・受け渡しを行う為替取引です。先物取引を行った時点では外貨の受け渡しや決済は行われません。先物取引で使われるレートを**先物レート(フォワードレート)**といいます。一般的に対円の先物レートは、決済日が先になるほど安くなります。主に企業などが為替変動によるリスクを軽減するために使います。

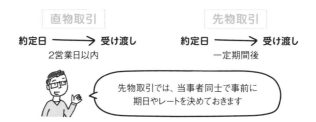

　先物取引の1つである**先物予約**では決済や受け渡しの場所、レート、受渡期日を事前に決めておきます。先物予約の契約を結ぶことを**先物予約の締結**といい、受渡期日に為替の受け渡しを行うことを、**予約の実行**といいます。

● 為替の先物予約を事例で理解しよう

　先物予約が行われる理由は、為替変動リスクの軽減です。輸出入においては、契約・取引を行ってから取引代金を決済するまでに数カ月のタイムラグが生じます。その間に為替レートが大きく変動している可能性があります。企業にとって為替相場の変動によって、取引の利益が大きく増減する事態は避けたいものです。そこで行われるのが、先物予約です。ドルを購入する際の取引を**ドル買いの先物予約**といい、売却する場合は**ドル売りの先物予約**といいます。

・商社が行う先物予約

海外に製品を輸出する商社の事例で先物予約の理解を深めましょう。ある日本の商社は、アメリカに日本製の食料品を輸出する契約を締結しました。代金は**10万ドルで、決済は3カ月後**です。現在のドル／円のレートが100円でも3カ月後は円安が進んで110円になっているかもしれません。逆に円高になり90円になっている可能性もあります。**円安になった場合は日本円で1100万円を受け取れますが、円高であれば900万円**です。

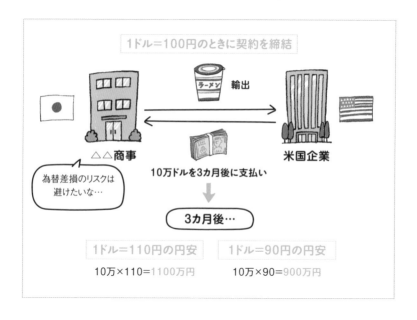

商社は為替変動によって為替差損が出るリスクを避けたいと考えます。そこでリスクヘッジのために行うのが、先物予約です。「3カ月後のドル売り先物予約」を、金融機関が定めた先物レートで締結しておけば、契約時点で輸出による利益がどのくらいになるか確定することができます。このことにより、企業は安定した経営を行うことができます。

・外貨預金の先物予約

　先物予約は輸出入企業にはなじみのある取引ですが、私たちの暮らしの中でも行う可能性があります。それが外貨預金の先物予約です。

　たとえば、1ドル＝100円のときに銀行にドル建ての外貨定期預金を締結したとします。契約してから、「想定以上に為替レートが変動していて不安……」となった場合に、先物予約を使うことができます。**先物予約で、満期日の為替レートを1ドル＝105円に確定させておけば、為替差益や為替差損を確定できる**ため、毎日の値動きにハラハラする必要がなくなります。

　しかし、**先物予約は取消ができません。**つまり、満期日に為替レートが1ドル＝110円の円安になっていたとしても、予約した先物レートである1ドル＝105円で予約は実行され、その差益は受け取れません。

　逆に、満期日の為替レートが1ドル＝90円の円高になっていたとしても、予約した1ドル＝105円で予約は実行され、その差損は支払う必要がありません。

　このようにして、先物予約は使われています。

◯ 外貨預金の先物予約のしくみ

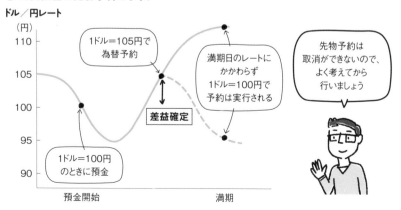

ドル／円レート

先物予約は取消ができないので、よく考えてから行いましょう

16 オプション取引って何ですか?

買う権利と売る権利を売買する取引方法です。

「買う権利」と「売る権利」を売買する

為替のオプション取引とは、**選択した通貨を特定の期日に指定した金額で買う権利、もしくは売る権利**を売買する取引です。買う権利を**コールオプション**、売る権利を**プットオプション**といい、この指定した金額のことを**権利行使価格(ストライクプライス)**といいます。将来の特定の期日に通貨を売買する形態は先物予約と似ていますが、オプションは**権利の売買**である点が異なります。また、オプション取引は先物予約と違い、**権利を行使せずに放棄する**ことが可能です。

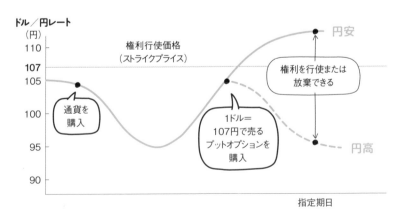

━ 買い手は売り手に保証料（プレミアム）を支払う

オプション取引は権利を放棄することができるため、買い手にとってはリスクがない魅力的な取引にみえますが、**買い手は売り手に対して、権利行使価格に応じた保証料を支払う**必要があります。この保証料を**プレミアム**といいます。プレミアムはオプションを購入した時点で支払います。プレミアムの価格は、満期までの期間、権利行使価格、原資産価格の変動率、短期金利などさまざまな要因によって決められます。

プットオプションを購入した場合、買い手は売り手に対してプレミアムを支払います。そして指定した期日が到来したときに、買い手に有利な状況になっていれば、プットオプションを行使します。すると、売り手が外貨を購入する義務が発生します。**買い手が権利を行使しなければ、売り手の手元にはプレミアムだけ残り、外貨を購入する義務は生じません。**

🔻 オプション取引のしくみ

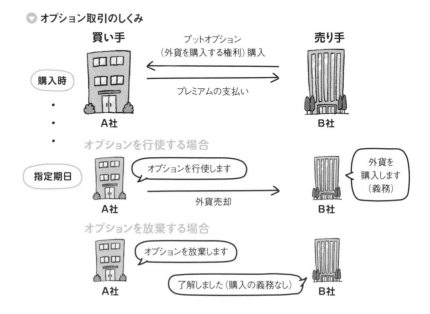

━ オプション取引の目的はリスクヘッジがほとんど

　オプション取引は**リスクヘッジを目的**として使用されることが
ほとんどです。リスクヘッジのためにオプション取引を行う事例
を確認しておきましょう。

・輸入企業の場合

　北欧家具を輸入しているＡ社は、海外企業と10万ドル分の家具
を仕入れる契約を締結しました。契約時のレートは1ドル＝100
円、決済期日は3カ月後です。3カ月後に為替レートが変動したら
仕入価格も変わってしまいます。

　　・契約時の想定仕入価格：1000万円

　　・3カ月後に10円円安が進んだ場合の仕入れ価格：1100万円

　　・3カ月後に10円円高が進んだ場合の仕入れ価格：900万円

　Ａ社としては、**為替変動のリスクを減らしたいのですが、円高
に進んだ場合の利益率アップも期待したい**ところ。そこで行うの
がオプション取引です。

A社の場合、3カ月後に仕入代金を支払うために、ドルを買うのですから、コールオプションを購入することになります。3カ月後に10万ドルを100円で購入するコールオプションが1ドル＝5円のプレミアムに設定されていた場合、以下のようになります。

> **3カ月後のドル購入金額:**
> 10万ドル×（100円＋5円）＝1050万円

　3カ月後の実際の為替レートが1ドル＝110円だった場合、オプションを行使しなければ1100万円を支払う必要がありますので、この場合は行使したほうがお得です。一方で、円高が進んでいた場合はオプションを行使しないほうがお得になります。3カ月後に1ドル＝90円になっていた場合は、支払金額は900万円になります。A社は仕入価格が想定価格よりも100万円安くなるわけですから、すでに**支払い済みの50万円のプレミアム分を考慮しても、放棄したほうがお得**です。

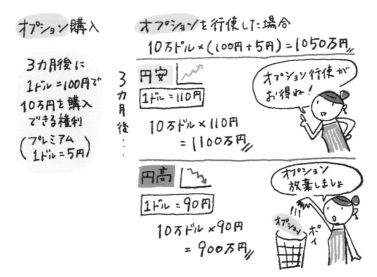

オプション取引はこのようにして使われています。

17 スワップ取引って
何ですか？

等価値の金融商品や通貨を交換する
取引方法です。

スワップは同じ価値の金融商品や通貨を「交換」する

本来スワップは「**交換**」という意味です。代表的なスワップ取引には、**通貨スワップ**、**為替スワップ**、**金利スワップ**などがあります。先物取引やオプション取引と同様にスワップ取引も海外企業との決済におけるリスクヘッジに用いられるケースが多いです。2019年に公表された世界の外国為替取引の内訳によると、為替スワップ取引は全体の48.6%とその大半を占めています。

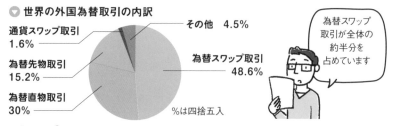

● 世界の外国為替取引の内訳

出典：BIS『Triennial Central Bank Survey Foreign Exchange and OTC Derivatives Markets in April 2019』のデータをもとに作成

通貨スワップは、異なる通貨の元本と金利を交換する**クロスカレンシースワップ**と、金利部分だけを交換する**クーポンスワップ**の2種類に分類されます。

金利と元本を交換する クロスカレンシースワップ

　金利と元本を交換するスワップがクロスカレンシースワップです。クロスカレンシースワップは、主に**企業間の為替リスクヘッジ**のために利用されます。

　米ドルを調達したい（借りたい）日本企業と、日本円を調達したいアメリカ企業の例で考えてみましょう。日本企業がアメリカの金融機関からドルを調達しようとした場合、アメリカの金融機関からみれば日本企業は海外企業なので通常よりも高い金利でドルを融資しようとします。同様に日本国内の金融企業でアメリカ企業が日本円を調達しようと思ったら金利が高くなります。

　ところが、日本企業が国内で日本円を調達、アメリカ企業がアメリカ国内で米ドルを調達すれば、国内向けの金利でそれぞれの通貨を調達できます。これを利用してそれぞれの企業が通貨を交換するのが、クロスカレンシースワップです。日本企業はアメリカ企業に日本円と金利を支払い、アメリカ企業も日本企業に米ドルと金利を支払います。これによってそれぞれが低い金利で、外貨を獲得することができるのです。

🔻 **クロスカレンシースワップのしくみ**

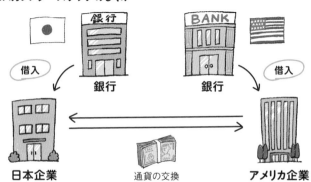

同じ通貨の金利部分だけを交換する金利スワップ

　通貨スワップが異なる通貨間で行われる取引であるのに対して、同じ通貨の金利部分だけを交換するスワップ取引を**金利スワップ**といいます。

　スワップは主に金融機関や企業などの法人間で行われますが、ここではわかりやすくするために金利について悩む2人を例にして考えてみましょう。

　Aさんは固定金利でお金を借りて、Bさんは変動金利でお金を借りていました。Aさんは、「固定金利で借りたものの今後は金利が下がりそうだからなあ……」と後悔しています。Bさんは逆に「変動金利で借りたけれど、金利が上がったらどうしよう」と不安を抱えています。この問題を解決する方法が金利スワップです。BさんがAさんの固定金利ローンの金利分を支払い、AさんがBさんの変動金利の金利分のみ支払えばよいのです。

　このように金利部分を交換することでAさん、Bさんともに実

質的には希望の方法で金利を支払うことができます。実際の変動金利の動きを完全に予測することはできないため、金利変動によるリスクをゼロにすることはできませんが、低下させることができます。

通貨以外にもエクイティスワップや コモディティスワップがある

スワップ取引にはほかにも**エクイティスワップ**や**コモディティスワップ**があります。

エクイティスワップのエクイティとは株価のことです。株価指数の変動率と変動金利を交換する商品が代表的です。また株式会社においては、お金を貸している債権者と、お金を借りている株式会社が債権と株券を交換する**デッドエクイティスワップ**が行われることもあります。

● デッドエクイティスワップのしくみ

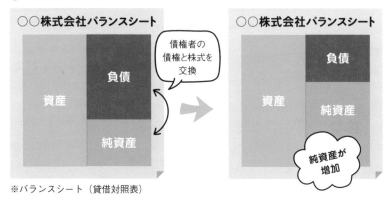

※バランスシート（貸借対照表）

コモディティスワップとは、コモディティ＝商品の固定価格と変動価格を交換するスワップ取引です。商品とは具体的には石油などのエネルギーや金などを指します。**商品スワップ**と呼ばれることもあります。

Column 2

デノミは経済の混乱を引き起こす?

デノミとはデノミネーションの略です。デノミネーションの本来の意味は、通貨単位の呼び方のことですが、日本では通貨単位を切り下げることを意味します。デノミが行われるのは、急激にインフレーションが進行して、その国の経済活動に支障が出る場合です。

たとえば、日本円のインフレーションが進み、卵1パックが200万円、カツ丼1杯が1億円になったとします。こうなると客側も店舗側も金銭のやりとりが困難です。客はスーツケースに札束を詰め、店舗は札束を収納するために大きな部屋を用意しなければならないでしょう。こういった場合にデノミが検討されます。1万円を1円に切り下げれば、卵1パックは200円ですし、カツ丼1杯は1000円です。

ところが、デノミを行うことでその国の経済が復活するとは限りません。たとえば、ジンバブエではハイパーインフレが続き、二度のデノミを行ったものの経済の混乱はおさまらず、卵3個で1000億ジンバブエドルという史上稀にみるインフレが進みました。ジンバブエは国内及び国際的な信用を失い、ジンバブエドルは一時的に廃止を余儀なくされました。

デノミはジンバブエ以外にも北朝鮮やアルゼンチン、韓国でも行われています。これらの国ではデノミを行っても経済の大きな混乱は発生していませんので、デノミが必ずしも悪いというわけではありません。

主な通貨の
特徴を知ろう!

第3章

日本円は世界一安全な通貨といわれますが、
本当にそうなのでしょうか。
米ドルやユーロ、英ポンドなど、世界にはたくさんの通貨があり、
時代や世界情勢によって主要通貨は変化してきました。
この章では、通貨の安全性や特徴について解説します。

18 主要通貨・新興国通貨の値動きの特徴は？

近年は主要通貨は値動きが小さく、
新興国通貨は値動きが大きい傾向です。

世界で取引される通貨は約180種類

世界中で流通している通貨は、2021年現在**180種類**ほどある
といわれています。世界197カ国中、IMF（国際通貨基金）に加盟
している国の数は190カ国です。国の数と通貨の数が一致しない
のは、**米ドルやユーロのように複数の国で使用されている通貨が
あるため**です。

日本国内で世界中すべての通貨を両替することは難しく、

▼ 日本国内で両替できる代表的な通貨

米ドル USD

ユーロ EUR

英ポンド GBP

カナダドル CAD

スイスフラン CHF

スウェーデンクローナ SEK

ノルウェークローネ NOK

オーストラリアドル AUD

ニュージーランドドル NZD

インドネシアルピア IDR

韓国ウォン KRW

中国人民元 CNY

香港ドル HKD

マレーシアリンギット MYR

シンガポールドル SGD

タイバーツ THB

金融機関で取り扱いのある通貨は、おおむね**16〜21種類**です。米ドル、カナダドル、ユーロ、英ポンド、スイスフラン、中国人民元、韓国ウォンなどが代表的な取扱通貨です。

外貨預金などの投資対象としての通貨となると、選択肢はさらに狭まります。日本国内の金融機関が取り扱っている、外貨預金の通貨数は10種類以下のことがほとんどです。

先進国の通貨は値動きが小さく、新興国の通貨は値動きが大きい

外国為替取引では世界の通貨を先進国通貨と新興国通貨に分類することが多く、それぞれが特徴的な値動きをします。

先進国通貨とは、**米ドル**、**英ポンド**、**ユーロ**、**スイスフラン**、**日本円**などです。新興国通貨は数多くありますが、**南アフリカランド**、**トルコリラ**、**ブラジルレアル**などは外国為替取引でも頻繁に取引されています。

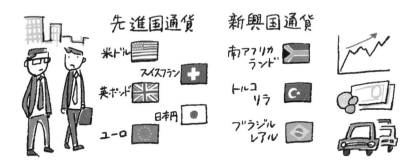

先進国通貨の中でも、米ドル、ユーロは**取引量が多く、値動きはそれほど大きくありません**。英ポンドは米ドルやユーロと比較すると値動きが大きく、とくに英ポンド／日本円の通貨ペアの値動きの荒さはしばしば注目されます。

一方、新興国通貨は、**高い実質成長率が期待でき、高金利**であることが多いです。金利の高さは通貨の人気に直結し、魅力的な通貨として注目を集めています。その反面、**経済危機や紛争等による通貨の暴落**が引き起こされることも多く、リスクの高い通貨です。主要な先進国通貨と比較すると、取引量が少ないため値動きが大きく、短期間で大きな為替差益が期待できる反面、大きな損失を被るリスクもあります。

また、主要通貨と比べて取引量が少なく、**為替手数料が高く設定されていること**が多いので注意が必要です。

🔻 **先進国通貨と新興国通貨の特徴**

	先進国通貨	新興国通貨
値動き	比較的小さい	比較的大きい
金利	比較的低い	比較的高い
為替手数料	安い	高い
流動性	高い	低い
暴落リスク	低い	高い

先進国通貨はローリスク・ローリターン、
新興国通貨はハイリスク・ハイリターンだといえます

━ 米ドル・ユーロ・日本円の近年の値動きを振り返る

為替が動く要因にはさまざまなものがありますが、とくに社会情勢には大きく影響されます。主要通貨の中でも取引量が多い米ドル、ユーロの動きを対日本円のレートで確認してみましょう。

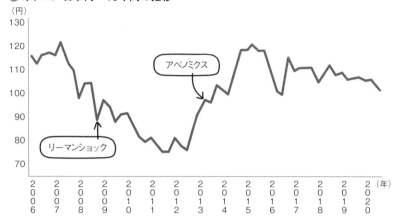

▼ 米ドル／日本円　15年間の推移

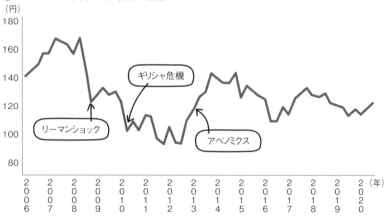

▼ ユーロ／日本円　15年間の推移

　両通貨とも世界的な経済危機には同様の反応を示しています。2008年9月のアメリカのリーマンブラザーズの破綻をきっかけに発生した**リーマンショック**では通貨が暴落しています。その後2009年後半には**ギリシャ危機**といわれるギリシャの財政問題により、ユーロはさらに下落しました。また、2012年に日本で**アベノミクス**（P.49参照）がはじまると、日本円は対ドル・対ユーロともに大幅な円安に転換しました。

19 米ドルがやっぱり 世界の中心?

米ドルは世界の基軸通貨で、
その値動きは世界に影響を与えます。

世界の基軸通貨は米ドル

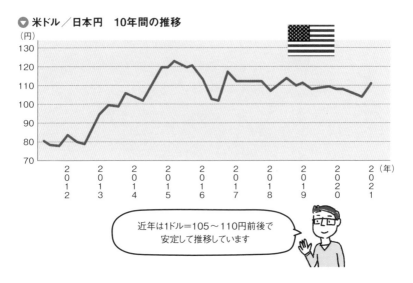

近年は1ドル＝105〜110円前後で
安定して推移しています

　通貨の中で、中心的な役割を果たす通貨を基軸通貨と呼びます。16ページでも説明したように、現在の基軸通貨は米ドルです。

　アメリカの2019年の国内総生産は21兆4332億3000万円と世界一。10年前の2009年のGDPは14兆4489億3000万円ですので、アメリカの経済は毎年成長を続けていることがわかります。

アメリカのGDPを支えているのは国内の個人消費です。**アメリカの個人消費は世界の個人消費の約3割**を占めています。アメリカの個人消費が世界の経済を支えているといっても過言ではありません。

▼ アメリカの個人消費支出の推移

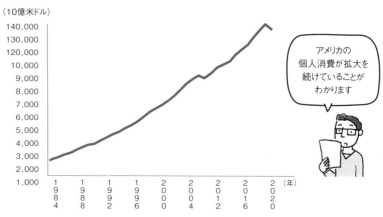

（10億米ドル）

出典：『BEA』ホームページのデータをもとに作成

アメリカのGDPが世界一となったのは1880年代です。それまではイギリスが世界のトップを牽引していました。アメリカの1人あたりの実質GDPがイギリスを超えたのは1900年頃といわれています。

第二次世界大戦終了後の**ブレトンウッズ体制**では米ドルのみが金の裏付けがある通貨とされ、それ以外の通貨は米ドルに対する固定相場であったことからもその影響力の大きさがわかります。

現在の米ドルは世界各国で最も信頼できる通貨として位置づけられており、各国の**外貨準備金、貿易や金融取引もドルベース**が最大です。アメリカの貿易量は中国に続いて世界第2位です。多くの国がアメリカを貿易相手国としており、米ドルは**決済通貨**としての役割も果たしています。

▬ 米ドルの値動きは世界に大きな影響を与える

　米ドルの値動きは世界の経済に大きな影響を与えます。投資・投機目的の外国為替市場で米ドルが多く取引されているだけでなく、貿易や商取引の決済やアメリカの株式や債券への投資目的での購入も多いことから、米ドルの値動きは世界中から注目を集めています。

　米ドルは1995年、クリントン政権の財務長官ルービン氏の「強いドルを支持する」という発言以降、「**強いドル政策**」を継続しています。

　ドル相場は、金融政策に大きく影響されます。アメリカの中央銀行の金融政策の方向性を決定するのが**連邦公開市場委員会（FOMC）**です。FOMCは毎年8回開催され、終了後に声明文が発表されます。声明文では政策金利や量的緩和の規模などの金融政策が発表されるため、それによって米ドルの為替レートが大きく動く可能性があります。一般的に、事前に予想されている利上げや利下げ、据え置きなどの見解と声明文が変わらなければ米ドル相場には大きな影響は生じないケースが多いとされています。

　またFOMCに参加しているメンバーの発言は外国為替市場へ

の影響力は大きく、中でも**FRB**の議長の発言の影響力は絶大です。FRBとは**連邦準備制度理事会**のことをいい、アメリカの中央銀行制度を構成する機関です。2014年2月1日〜2018年2月3日までのFRB議長はイエレン氏で、2018年2月5日以降はジェローム・パウエル氏が務めています。

● 新興国では、米ドルのほうが信用がある場合も

　米ドルはアメリカだけでなくさまざまな国で用いられています。とくに新興国では、自国の通貨よりも米ドルの信用力が高いためにドルペッグ制（P.37参照）や、通貨のドル化である**ダラライゼーション**が進んでいることもあります。国が公式に米ドルを法定通貨としているのは、エクアドル、パナマ、東ティモール、エルサルバドル、グアテマラなどです。

▼ 米ドルを法定通貨としている主な国

エクアドル	2000年に法定通貨をスクレから米ドルに切り替え
パナマ	バルボアという通貨があるが、紙幣は存在せず、米ドルが流通している
東ティモール	米ドルに加えて、補助通貨としてセンターボという独自の硬貨が使われている

　じつは第二次世界大戦後のアメリカ占領下の沖縄でも米ドルが通貨として用いられていました。

　また、ジンバブエやカンボジアなどの一部の国では、政府が公式には認めていないながらも、米ドルが多く流通しています。

20 日本円は世界一安全な通貨？

日本円は取引高世界第3位で、
有事の際に買われる傾向があります。

取引高世界第3位の日本円

　日本円の取引高は、米ドル、ユーロに続く世界第3位です。2019年のBISの調査によると日本円の為替取引高の割合は、全体を200％で計算したときに16.8％でした。また通貨ペア別取引量のシェアは米ドル／ユーロに続き、米ドル／日本円と大きな存在感を示しています。米ドル、ユーロと並んで**世界三大通貨**と呼ばれることもあります。

　日本円は第二次世界大戦以前を**旧円**、第二次世界大戦以降に発行されたものを**新円**といいます。第二次世界大戦後のブレトンウッズ体制下では、日本円は米ドルに対して360円の固定相場が敷かれていました。その後、**ニクソンショック**、**スミソニアン会議**を

経て、ほかの多くの先進国と同様に変動相場制度に移行しています。

変動相場制度に移行してからは、1ドル＝260円まで円高が進みましたが、オイルショックで再び円安に進みました。その後**プラザ合意**によって、円高ドル安トレンドが形成されたため、1988年には1ドル＝120円まで円高が進行します。その後紆余曲折はありながらも、円高が進行して1995年に1ドル＝79円75銭を記録しました。1998年には147円台の円安になり、2011年には円の史上最高値である75円35銭を記録しました。2012年のアベノミクス移行後には円安が進行し125円86銭を記録。近年はおおむね105〜110円を中心としたレンジで推移しています。

🔻 **米ドル／日本円レート長期推移**

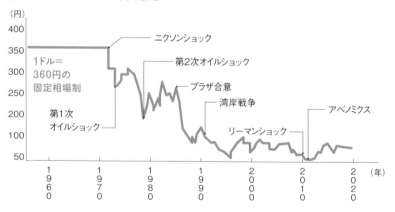

━ 金と並び有事に買われる安全資産

安全資産とは、国債や預貯金のような元本割れリスクが少ない資産のことをいいます。外国為替取引においても、安全資産と戦争や世界規模の天災等が発生したときに、買われる通貨・資産のことを安全資産や**セーフヘイブン**と呼ぶことがあります。このよ

うな安全資産の代表的なものとしては金や米ドル、日本円、スイスフランがあります。

　日本円は長らく、「**有事の円買い**」や「リスク回避の円買い」と呼ばれ、戦争や紛争リスクが発生すると安全資産として買われる傾向が続いていました。近年では、2016年にイギリスのEUからの離脱であるブレグジットが決まったときに急激に円が買われ、一時は99円台まで円高が進行しました。

　有事のときに円が買われる理由はいくつかあります。その1つが、**対外純資産**と呼ばれる**日本政府や個人が保有する外貨や外貨建ての資産の保有高**が世界一だからです。対外純資産は、簡単にいうと海外にある貯金残高のようなものです。日本は1000兆円を超える負債を抱えている借金大国というイメージを持つ人もいるかと思いますが、国の借金である日本国債の90％は日本国内で消化されています。つまり、借金は国内で賄えているといえます。そのため、海外からみると日本は経済的に安定した国という印象があり、これまで社会に影響のある大きなできごとが起きた際に買われていました。

　また、紛争・戦争などのリスクが持ち上がったとき、**日本人は**

それらの対外純資産を売却して日本円を買い戻そうとするといわれています。現実に日本人が有事のたびに外貨建て資産を売却しているかどうかは別として、そういう動きになると想定されるため、円が買われやすくなるのです。実際に東日本大震災のときには円高が進みました。

🔽 **主要国対外純資産 (2019年)**

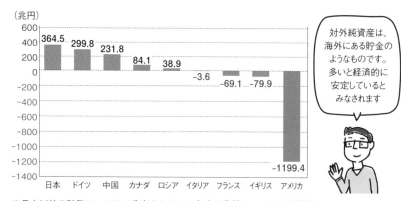

※日本以外の計数は、IMFで公表されている年末の為替レートにて円換算
出典：財務省『令和元年末現在 本邦対外資産負債残高の概要』のデータをもとに作成

また日本が低金利国であること、長期間デフレが継続していることも有事の円買いの要因であるといわれています。ただし最近では有事の円買い動向が必ずしも発生するわけではありません。

━ 世界情勢が安定しているとゆるやかに円安が進む

先ほど有事のときには円が買われるという説明をしましたが、逆に**世界的に好景気で情勢が安定しているときはゆるやかに円安が進む**傾向にあります。これは、円が世界的にみても有数の低金利のため、円を売ってほかの金利が高い通貨を買う動きが高まるためです。FXには金利差を利用した円キャリートレードというものがあり、146ページで説明しています。

ヨーロッパでは ユーロが主役？

ユーロは第2の基軸通貨と呼ばれ、世界19カ国で利用されています。

第2の基軸通貨といわれるユーロ

● ユーロ／日本円　10年間の推移

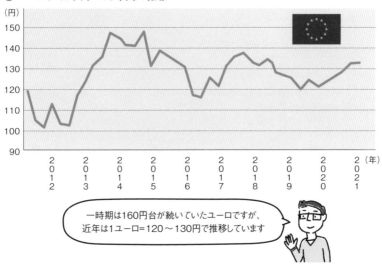

一時期は160円台が続いていたユーロですが、近年は1ユーロ=120〜130円で推移しています

　ユーロはヨーロッパの経済統合を目指して設立されたEU（欧州連合）によって導入した**EU内の統一通貨**です。1999年にユーロが誕生し、2002年から流通しはじめました。ヨーロッパで統一通貨を導入する構想は第二次世界大戦前から存在していました

が、具体的な取り組みがはじまったのは1990年のことです。導入当初は統合通貨などと呼ばれていましたが、現在では、ユーロはドルに続く**第2の基軸通貨**と呼ばれることもあります。取引量もドルに続いて世界第2位です。

　ユーロを導入することで、ユーロ圏内における通貨交換のコストが発生しなくなります。また同一の通貨を使用することで、通貨変動によるリスクがなくなったり、価格の透明性が上がったりします。結果的にユーロ圏内での貿易が促進され、経済が活発化するという大きなメリットがあります。しかし、EU内にはフランスやドイツといった経済規模が大きい国だけでなく、経済的に問題を抱えるギリシャなどさまざまな国が所属しています。そういった国が経済危機に陥れば、影響がほかの国に及ぶリスクも抱えています。

　ユーロを導入している国の金融政策や為替政策は、**欧州中央銀行（ECB）**が取り決めています。2021年4月現在のECBの総裁はクリスティーナ・マドレーヌ・オデット・ラガルド氏です。ラガルド氏の発言もユーロのレートに大きな影響を与えます。

■ ユーロは19カ国で使用されている

　2021年4月現在でユーロを使用できる国は、フランス、ドイツ、イタリア、オランダなどをはじめとした**19カ国**です。さらに、クロアチアとブルガリアがユーロ導入の準備過程に入っています。またルーマニア政府は2024年にユーロを導入するとの目標を発表しています。

◆ EUのユーロ導入国と導入年

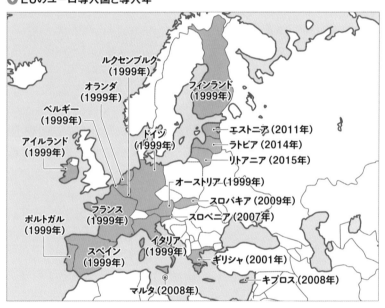

　ユーロ導入国とEU加盟国の数は一致しません。2021年4月現在のEU加盟国は27カ国、ユーロ導入国は19カ国ですので、8カ国はEUに加盟しながらもユーロを導入していないことになります。**EU加盟済みでユーロ未導入の国は、クロアチア、スウェーデン、チェコ、デンマーク、ハンガリー、ブルガリア、ルーマニア、ポーランドの8カ国**です。

◉ ユーロ未導入のEU加盟国通貨

国名		通貨
クロアチア		クロアチアクーナ
スウェーデン		スウェーデンクローナ
チェコ共和国		チェココルナ
デンマーク		デンマーククローネ
ハンガリー		ハンガリーフォリント
ブルガリア		ブルガリアレフ
ルーマニア		新ルーマニアレウ
ポーランド		ポーランドズウォティ

> ユーロの導入には一定の基準があることや、導入すると自由な経済政策をとることが難しくなることなどから導入しない国もあります

● ユーロとの相関性が高い欧州各国通貨

　ユーロと近い経済圏を持つ欧州の通貨はユーロと相関性が高い値動きになることがあります。とくにEU加盟済みで、ユーロを導入していない8カ国の通貨はユーロとの相関性が高いといわれています。また、EUから脱退を決めたイギリスのポンドもユーロとの相関性が高い傾向があります。

22 英ポンドはかつて 基軸通貨だった?

英ポンドはかつての基軸通貨であり、
今も主要通貨の1つです。

かつての世界基軸通貨だった英ポンド

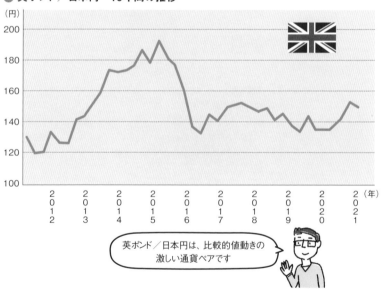

▼ 英ポンド／日本円　10年間の推移

英ポンド／日本円は、比較的値動きの
激しい通貨ペアです

　　イギリスのGDPは1900年代初頭にアメリカに抜かれるまで、世
界一であり、英ポンドが世界の基軸通貨でした。2020年のGDP
はアメリカ、中国、日本、ドイツに次ぐ第5位です。

英ポンドの正式名称は**スターリング・ポンド**（pound sterling）です。かつてのポンドが純銀で鋳造されていたことから、スターリング・ポンドと名づけられました。

　スターリング・ポンド以外にも、**ケーブル**という呼び名もあります。ケーブルは、かつてアメリカとイギリスは大西洋横断電信ケーブルによって為替レートのやりとりを行っていたことからケーブルという愛称がつけられました。

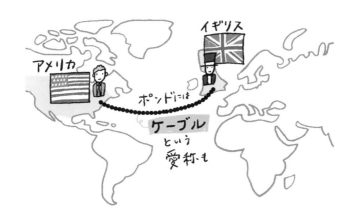

　ポンドは為替トレードの際は**GBP**と表示されますが、**STG**と記載されることもあります。またポンドの記号は「£」であり、これはローマの古代通貨リーブラに由来しています。

　ポンドはイギリスのイングランド、ウェールズ、スコットランド、北アイルランドすべての地域で使用されていますが、スコットランドでは独自の英ポンド紙幣を発行しています。

◖ 英ポンドの取引額は世界第4位

　英ポンドの取引額は、2019年時点で米ドル、ユーロ、日本円に続き世界第4位です。米ドル、日本円がシェアを減らす中、ポンドは2016年の調査時と変わらない水準を維持しています。通貨ペ

ア別の為替取引量シェアでみると、米ドル／英ポンドは、米ドル／ユーロ、米ドル／日本円に続く第3位でした。

🔻 通貨別取引高シェアの推移

2016年

その他 46.6%
米ドル 87.6%
英ポンド 12.8%
日本円 21.6%
ユーロ 31.4%

2019年

その他 49.8%
米ドル 88.3%
英ポンド 12.8%
日本円 16.8%
ユーロ 32.3%

合計：200%

日本円のシェアは減っていますが、ポンドは横ばいでシェアを維持しています

出典：BIS『Triennial Central Bank Survey Foreign Exchange turnover in April 2019』のデータをもとに作成

　ポンドはユーロに相関した値動きをするものの、ユーロよりも参加者が少ないことから、**値動きが荒く、投機的な参加者が多い**ことで知られています。

　また、スコットランドや北アイルランドでは定期的に英国からの独立運動が起こっており、そのことがポンドの為替相場に影響する場合もあります。たとえば、2014年のスコットランドの独立の是非を問う住民投票の際にポンドが急落しました。

━ 英ポンドは原油価格の影響を受ける

　イギリスは北海油田を有する資源産油国です。スコットランドでたびたび起こるイギリスからの独立運動の理由の１つは、ス

コットランドの目と鼻の先にある北海油田にあるといわれています。また資源関連企業の大手がロンドン市場に上場していることから、イギリスの株マーケットが資源相場にある程度反応するのです。したがって、英ポンドは原油相場の値動きに反応します。原油高になればポンド高になりますし、原油が下落すればポンド安が進む傾向があります。

▼ **イギリスと北海油田の位置**

EUに加盟しても イギリスはポンドを使用し続けた

　2020年1月に正式にEUから離脱し、2020年12月31日に、EU離脱の移行期間が終了したイギリスですが、EUに加盟していた期間も共通通貨であるユーロを使用せずに自国通貨であるポンドを使用していました。その理由は、イギリス国民のポンドに対する思い入れが強かったこと、当時**ユーロ導入のための財政的な条件を満たしていなかったこと**、導入した場合に**金融政策や為替政策を自国で決定できなくなること**にあったとされています。ユーロの導入国は金融政策や為替政策の決定をECBに委ねなければならず、イギリスはそれを嫌ったといわれています。

23 カナダドルは原油価格に 左右される?

カナダドルは資源国通貨の1つで、原油価格に左右されます。また、米ドルとも連動します。

━ 原油価格が上がるとカナダドルも上がる

▼ カナダドル／日本円　10年間の推移

カナダドル／日本円相場は、米ドル／日本円相場と似た動きをします

　カナダは**資源国通貨**の代表といわれています。資源国通貨とは**鉄鉱石や石油などの天然資源の輸出が多い国の通貨**のことをいい、為替相場もその資源の相場に大きく影響されます。意外と知られていませんが、2019年度のカナダの原油埋蔵量は世界第3位

の273億トンで、シェアは9.8％。カナダは世界有数の産油国であり、工業国家でもあります。よって、**原油価格が上昇すれば、カナダドルが買われて上がり、原油価格が下落すれば、カナダドルが売られて下がります。**

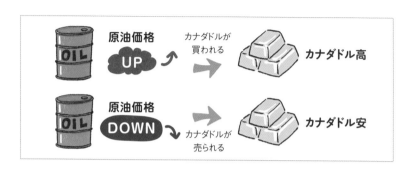

　また、カナダが有する資産は原油だけではありません。金鉱の産出量は世界第5位の164トン、シェアは5.1％、プラチナも9.5トンで世界第4位、レアメタルの1つとして注目を集めるパラジウムのシェアは世界第3位です。また近年では頁岩層から採取される天然ガスであるシェールガスにも期待が寄せられています。

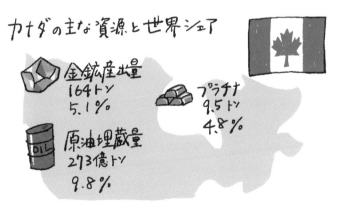

※金鉱・プラチナ産出量は2017年、原油埋蔵量は2019年のデータ
出典：『データブック オブ・ザ・ワールド 2021 世界各国要覧と最新統計』二宮書店編集部編（二宮書店）のデータをもとに作成

資源国通貨については184ページでさらに詳しく説明していますので、そちらも参考にしてください。

● アメリカ経済の影響を受けるカナダドル

　カナダの最大の貿易相手国はアメリカです。主な輸出品は原油と自動車で、カナダの輸出額のうち75.4%がアメリカ相手となっています。輸入相手もアメリカが最多で50.7%、輸入品目は機械類と自動車です。カナダとアメリカは1994年に**北アメリカ自由貿易協定（NAFTA）**を締結しており、そのつながりは強固です。その後、北アメリカ自由貿易協定（NAFTA）は2020年7月1日に発行された**米国・メキシコ・カナダ協定（USMCA）**に置きかえられています。

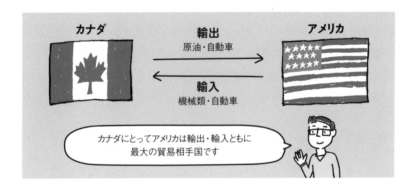

　したがって、**カナダ経済はアメリカの経済の動向に大きく影響を受けます**。米ドルとカナダドルは似た動きをします。カナダ国内だけでなく、アメリカの景気動向や指標によっても、レートが変動するためカナダドルを取引する際は、アメリカの動きからも目が離せません。たとえば、アメリカの景気が上向くと、カナダからの輸出額が増加するため、カナダドルが買われカナダドル高が進行する傾向があります。

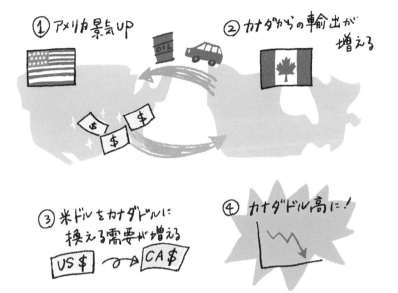

アメリカの景気とカナダドルは連動する

① アメリカ景気UP

② カナダからの輸出が増える

③ 米ドルをカナダドルに換える需要が増える
US $ → CA $

④ カナダドル高に!

また、米ドルと金は相関関係があるといわれており、**カナダドルと金の値動きにもゆるやかながら相関関係が生じる**ことがあります。よって、外貨預金やFXなどでカナダドルを保有している場合は金の値動きにも注目してみるとよいでしょう。

資源国通貨の中では動きが穏やか

カナダドルは**資源国通貨の中では値動きが穏やか**です。一般的に、資源国通貨は値動きが荒く、外国為替取引の初心者は手を出さないほうがよいといわれることがあります。たとえば、ほかの資源国通貨の代表格であるオーストラリアドルや南アフリカランドなどはカナダドルに比べて値動きが大きいです。

カナダドルの値動きが比較的穏やかな理由は、資源国通貨である一方で、米ドルとの相関関係が強いためだと考えられています。

24 オセアニア通貨は連動する?

オーストラリアドルとニュージーランドドルは連動します。
中国との経済的な結びつきも強いです。

世界為替取引高第5位のオーストラリアドル

▼ オーストラリアドル／日本円　10年間の推移

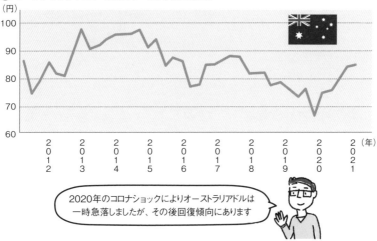

2020年のコロナショックによりオーストラリアドルは
一時急落しましたが、その後回復傾向にあります

　オーストラリアドルは世界の為替取引の取引額第5位の通貨です。かつて世界が資源ブームにわいた**2005〜2007年、オーストラリアの政策金利は7.25%まで上昇**したため、投資家の人気を集め、オーストラリアドルが買われました。日本でも、オーストラリアドル建ての外貨預金を利用する人が多くみられました。し

かし、新興国経済が低迷した2016年以降は、オーストラリアの経済成長も鈍化し、政策金利も低下。日本と比較すると高金利といえますが、一時期ほどではありません。

オーストラリアと日本の政策金利の推移

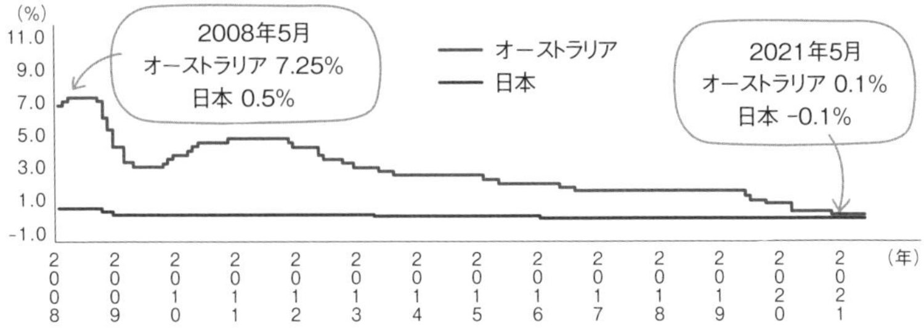
(%)
11.0
9.0
7.0
5.0
3.0
1.0
-1.0
2008年5月
オーストラリア 7.25%
日本 0.5%
オーストラリア
日本
2021年5月
オーストラリア 0.1%
日本 -0.1%
2008
2009
2010
2011
2012
2013
2014
2015
2016
2017
2018
2019
2020
2021
(年)

出典：『外為どっとコム』ホームページのデータをもとに作成

オーストラリアが資源国と呼ばれる理由は**鉄鉱石やレアメタルなどの豊富な鉱物資源**にあります。鉄鉱石の産出量は世界一ですし、チタン、ジルコニウム、ニッケル、リチウムも世界一。レアアースとコバルトも2位と、工業製品や精密機械に欠かせない資源が、オーストラリアには数多く眠っています。したがって、オーストラリアドルはこれらの鉱物資源の価格にも影響を受けます。

オーストラリアドルと連動するニュージーランドドル

ニュージーランドドル／日本円　10年間の推移

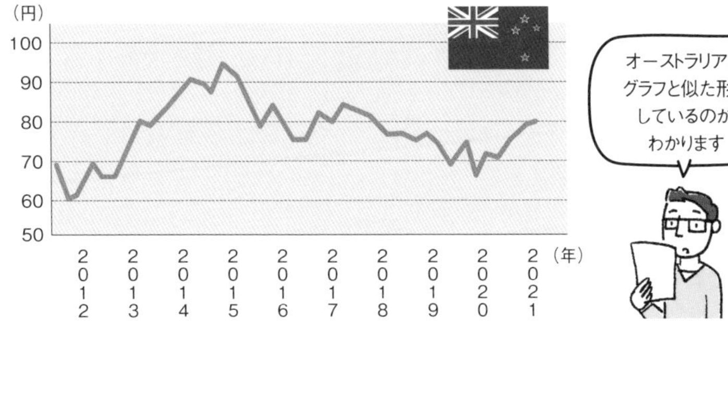
(円)
100
90
80
70
60
50
2012
2013
2014
2015
2016
2017
2018
2019
2020
2021
(年)
オーストラリアのグラフと似た形をしているのがわかります

第3章
主な通貨の特徴を知ろう！

ニュージーランドはオーストラリアと同様に、オセアニア地方の旧英国領でした。地理的にも近く、経済・歴史的にもつながりが強いため、オーストラリアドルとニュージーランドドルは連動する傾向にあります。

　ただし、**ニュージーランドはオーストラリアとは異なり、資源国ではなく、酪農・農業国**です。上位の輸出品目は酪農品と肉類で、輸出先は**中国とオーストラリア**がその大半を占めます。

　かつてのニュージーランドはオーストラリアのように政策金利が高かったため高金利通貨として人気を集めていましたが、2021年5月現在0.25％と過去最低水準です。

● 最大の輸出先中国の景気変動の影響を受ける

　オーストラリア、ニュージーランドともに最大の貿易相手国は中国です。2019年度のデータによるとオーストラリアの輸出先の約39％が中国で、日本、韓国と続きます。ニュージーランドの輸出先の約28％が中国、その次がオーストラリアです。

　いずれの国も中国との経済的なつながりが強いことから、**両国**

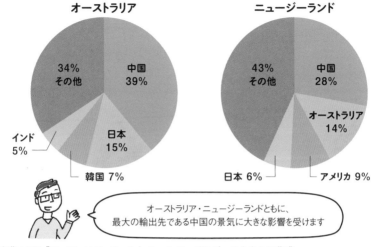

オーストラリアとニュージーランドの輸出相手国（2019年）

オーストラリア

- 中国 39%
- 日本 15%
- 韓国 7%
- インド 5%
- その他 34%

ニュージーランド

- 中国 28%
- オーストラリア 14%
- アメリカ 9%
- 日本 6%
- その他 43%

オーストラリア・ニュージーランドともに、最大の輸出先である中国の景気に大きな影響を受けます

出典：CIA『The World Factbook』ホームページのデータをもとに作成

の景気は中国経済に左右される傾向があります。中国の景気が悪くなれば、オーストラリアやニュージーランドから中国への輸出額が減少してしまいますので、両国の景気も悪化してしまいます。

オーストラリアドルは昔、オーストラリアポンドだった

じつはかつて、オーストラリアの通貨はオーストラリアドルではなく、オーストラリアポンドでした。ニュージーランドも同様にニュージーランドポンドが用いられていました。ポンドといえば、イギリスの通貨です。オーストラリアとニュージーランドはイギリスの植民地であったために、**通貨にもイギリスのポンドという名称が用いられ、為替レートもポンドと連動**していました。

その後オーストラリアは1966年、ニュージーランドは1967年に現在と同じオーストラリアドル、ニュージーランドドルに名称が変わりました。

25 そのほかの通貨は
どんな動きをするの？

南アフリカランドや中国人民元、スイスフランなども
個人投資家に人気の通貨です。

高金利だが、変動リスクが高い南アフリカランド

🔽 南アフリカランド／日本円　10年間の推移

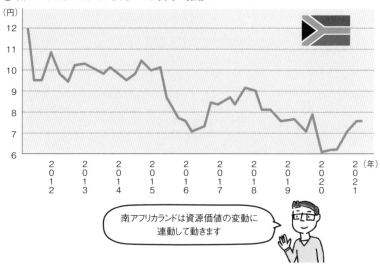

南アフリカランドは資源価値の変動に
連動して動きます

　南アフリカランドは**主要新興国BRICSの一員である南アフリカ
共和国の通貨**です。南アフリカランドは高金利通貨として人気が
あります。南アフリカ共和国は鉱物資源に恵まれており、プラチ
ナの産出量は世界第1位、世界シェアは72％です。そのため、南

アフリカランドは**金やプラチナなどの資源価格に連動しやすい**傾向です。さらに、鉱山労働者の賃金上昇に伴うインフレが継続しており、金利が高い状態が続いています。

　金利差のある通貨を売買したときに得られる調整額である**スワップポイント**（P.136参照）を狙う個人投資家からも人気を集めています。ただし、比較的値動きが激しい通貨のため、取引を検討する際は注意しましょう。

南アフリカランドの特徴
・金利が高い
・金・プラチナなどの資源・価格に連動
・値動きが激しい

■ 取引高が拡大している中国人民元

▼ 中国人民元／日本円　10年間の推移

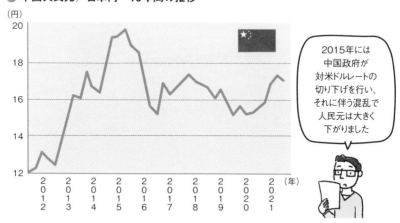

2015年には中国政府が対米ドルレートの切り下げを行い、それに伴う混乱で人民元は大きく下がりました

　人民元は中華人民共和国の通貨で、世界の為替取引量シェアは第8位、全体の2%を占めます。中国のGDPは日本を超えて世界第

2位。1位のアメリカに狙いを定め年々成長を遂げています。2010年には6兆338億1000万円だったGDPは2020年には14兆7228億4000万円と10年で2倍を超える成長率です。

　中国人民元は、39ページで説明したように、管理変動相場制です。かつては米ドルと完全に変動するドルペッグ制が導入されていました。2005年以降は管理変動相場制とし、当局が一定の規制を行っています。2015年に発生した**チャイナショック**と呼ばれる中国株の大暴落の際は、中国当局が対米ドルのレートを二度にわたって切り下げました。

　人民元の市場は**オンショア人民元（CNY）市場**と**オフショア人民元（CNH）市場**に分かれています。オンショア市場は中国本土内で取引される市場、オフショア市場は海外向けの市場です。**日本の個人投資家が投資できるのはオフショア市場のみ**です。オンショア市場とオフショア市場のギャップが大きくなった場合には、当局が介入して差を埋めようとすることもあり、その際は値動きが大きくなります。

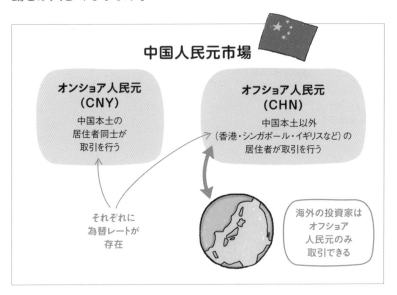

中国人民元市場

オンショア人民元（CNY）
中国本土の
居住者同士が
取引を行う

オフショア人民元（CHN）
中国本土以外
（香港・シンガポール・イギリスなど）の
居住者が取引を行う

それぞれに
為替レートが
存在

海外の投資家は
オフショア
人民元のみ
取引できる

世界一安定しているといわれるスイスフラン

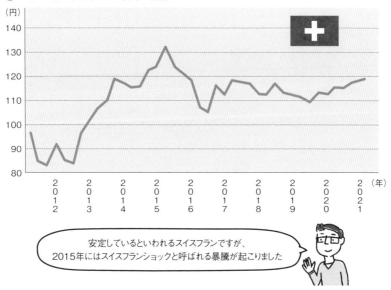

🔽 **スイスフラン／円　10年間の推移**

> 安定しているといわれるスイスフランですが、
> 2015年にはスイスフランショックと呼ばれる暴騰が起こりました

スイスフランは日本に並ぶ**安全通貨**として認識され、その値動きは安定しています。スイスは永世中立国という立場をとり続けていますので、有事の際に買われる傾向が強く、日本円と並んで「**有事の際のスイスフラン買い**」と呼ばれることもあります。

　安定しているスイスフランですが、2015年には**スイスフランショック**と呼ばれる、スイスフランが急騰する事件がありました。ギリシャ危機を発端とした欧州債務危機の中、安全資産としてスイスフランを買う人が増え、ユーロ安、スイスフラン高が進みました。スイスフラン高を望まないスイス当局によって3年以上ユーロ／スイスフラン＝1.2を下回らないような為替介入が行われていましたが、2015年1月にスイス当局が為替介入を止めると宣言。スイスフランは突如暴騰し、市場は大混乱に陥りました。

第**3**章

主な通貨の特徴を知ろう！

Column 3

プラザ合意の影響とは？

　ドル円レートの歴史を語る際に、避けて通れないのが「プラザ合意」です。1985年9月22日、ドル高の進行をくい止めるために、アメリカが先進国の大蔵大臣と中央銀行首相を招集しました。集まったのは、アメリカ、日本、ドイツ、イギリス、フランスの5カ国、G5のメンバーです。

　この会議では、ドル高を是正するためにG5各国が協調して行動するべきだということが話し合われ、5カ国がその考えに合意しました。これを開催場所のアメリカのプラザホテルにちなみプラザ合意といいます。プラザ合意では、ドルに対して各国の通貨を10％から12％の幅で切り上げること、そのために各国が外国為替市場に協調介入を行うこと、が決定しました。

　プラザ合意により為替相場は大きく動きます。アメリカが32億ドル、日本は30億ドル、ドイツ、イギリス、フランスは20億ドルもの為替介入を行いました。これにより1ドル＝240円台だったドル／円レートは大幅に円高が進み、200円台となりました。為替介入はひとまずは成功したといえます。

　一方日本では円高が進んだことで、輸出が減少し国内景気は低迷。世界的にも進みすぎたドル安に歯止めをかけるため、G5にカナダとイタリアを加えたG7によって1987年2月に「ルーブル合意」が成立。これによって為替相場はいったん安定します。ただし日本では低金利政策がとられたことから、バブル景気が引き起こされ、日本経済の大きな転換点となりました。

為替を使った
金融商品には
何がある?

第4章

外貨預金やFX、外貨建て投資信託など、
為替を使った金融商品にはさまざまな種類があります。
また、金利が高いというメリットがある反面、
為替差損が生じるリスクもあるので、注意が必要です。
この章ではそれぞれの商品の特徴をわかりやすく解説します。

26 為替にはどんな 金融商品があるの?

外貨預金やFX、外貨建ての債券や保険、
外貨建て投資信託などがあります。

外国の通貨で預金をする外貨預金

外貨預金とは、他国の通貨で預金をすることです。多くの金融
機関でさまざまな国の外貨預金を取り扱っています。外貨預金と
いっても日本円の貯金と基本的には変わりません。規定された金
利によって利息がつきます。

外貨預金も日本円の預金のように、外貨普通預金と外貨定期預
金の2種類があります。外貨普通預金は預入期間が定められてい
ないため、自分の好きなタイミングで出金可能です。一方で外貨
定期預金はあらかじめ決められた期間が経過しなければ出金でき
ません。一般的には外貨普通預金よりも**外貨定期預金のほうが金
利が高い傾向**です。

外貨預金であっても
基本のしくみは
日本円での預金と
変わりません

外貨普通預金	いつでも引き出せる	金利は比較的低い
外貨定期預金	満期日まで引き出せない	金利は比較的高い

金融機関が取り扱っている外貨預金の通貨は米ドル、ユーロ、オーストラリアドル、スイスフラン、ニュージーランドドル、英ポンド、南アフリカランド、中国人民元などです。外貨預金はメガバンクや地方銀行だけでなくネット銀行でも多く取り扱っています。

━ 外貨を売買し、その差額で儲けるFX

　FXとは「**外国為替証拠金取引**」のことです。FXには為替差益によって利益を出す方法と、スワップポイント（P.136参照）によって利益を出す方法が存在します。

　FXは外貨預金や両替とは異なり、手持ちの資金よりも多額の外貨を取引することができ、広い年齢層の人気を集めています。少ない資金で大きな利益を狙える一方で、損失も大きくなるリスクがあります。

外国債券・株式などそのほかの金融商品

外貨預金やFX以外にもさまざまな外貨建ての商品があります。これらの外貨建て商品には基本的に為替差損が生じるリスクがあります。リスクヘッジについては154ページで詳しく説明しています。

・外国債券

債券とは**国や企業などが投資家から資金を調達するために発行する有価証券**です。債券は株式とは異なり、債券を購入してくれた投資家に、利息をつけて元本を返済しなければなりません。債券の種類によっては利息がつかないものもあります。

外国債券とは、発行された市場が海外のもの、購入する通貨が外国のもの、発行した団体や公的機関が外国のもののいずれかのことを指します。日本よりも金利が高い国の債券を購入すれば、高い利回りが期待できます。

🔻 **外国債券のしくみ**

債券の購入

債券の発行、元本＋利息の支払い

投資家　　債券　　　　　　　　　　海外の国・企業など

・外国株式

株式とは企業が投資家から資金を調達するために発行するものですが、債券とは異なり**出資を受けた代わりに株券を発行するため、投資家に返済する必要はありません。**

株式を購入した投資家は、株式が売買されている**証券取引所や投資家同士で株式を売買する**ことができます。外国の株式を購入する場合の多くは、株式市場に上場している株式を購入することになります。米国株は多くの証券会社で取り扱いがあり、比較的高配当で少額からはじめられるため近年人気を集めています。

・外国投資信託

　投資信託とは、**プロの投資家が多くの投資家から集めた資金で債券や株式等で運用する商品**のことをいいます。外国投資信託とは、海外のファンドが組成した投資信託や海外の株式や債券を対象にした投資信託などのことを指します。日本の株式市場にも外国の株式や債券を対象にした投資信託が販売されていて、日本円で購入可能です 。

🔻 **外国投資信託のしくみ**

・外貨建て保険

　外貨建て保険とは、**外貨で保険料を支払い、外貨で保険金を受け取る保険**のことをいいます。終身保険や個人年金保険、養老保険や学資保険などさまざまな種類の外貨建て生命保険が販売されています。外貨建て生命保険は、通常の生命保険よりも高い金利が期待されます。

27 外国為替取引はどんなリスクがあるの?

為替変動リスクと流動性リスク、カントリーリスクが主なリスクです。

● 通貨の価値が下がれば損をする為替変動リスク

為替変動リスクとは為替レートの変動によって損失が出るリスクです。為替レートは常に変動していますので、購入した外貨が購入した価格より下落する可能性があります。

1ドル=100円のときに100万円で1万ドルを購入した事例で考えてみましょう。購入後に円高ドル安が進み、1ドル=90円になった場合、1万ドルの日本円換算の価値は90万円に減少してしまいます。この場合、為替変動によって10万円の損失が出たことになります。

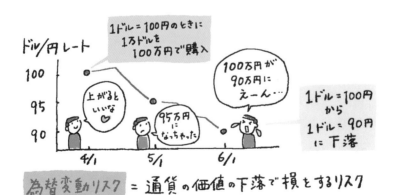

為替変動リスクは外貨預金やFXだけでなく、外貨建ての投資信託や生命保険などにもついてまわります。一部の外貨建て金融商品には為替ヘッジと呼ばれる為替変動リスクをゼロにするしくみが組み込まれている商品もありますが、ヘッジのためのコストを支払わなければなりません。

売りたいときに売れない流動性リスク

流動性リスクとは、取引量が少なく思うように売買できないことで生じるリスクのことをいいます。流動性が高い状態とは、取引量が多く参加者が希望するタイミングで売買ができる状態です。一方で流動性が低い状態とは、市場参加者が少ないために、売買を実行できなかったりする可能性があります。

現実にはFXでよく取り扱われている通貨においては売買を実行できないケースはほとんどありません。ただし流動性が低いことにより「**スプレッドが広がる可能性**」と、「**値動きが荒くなるリスク**」が生じます。

流動性が低い通貨では、購入価格と売却価格の差であるスプレッドが広がりやすい傾向です。スプレッドが広く開いてしまうと、為替差益を得ることはより困難になります。常に流動性が低い通貨はスプレッドが開きやすい傾向です。

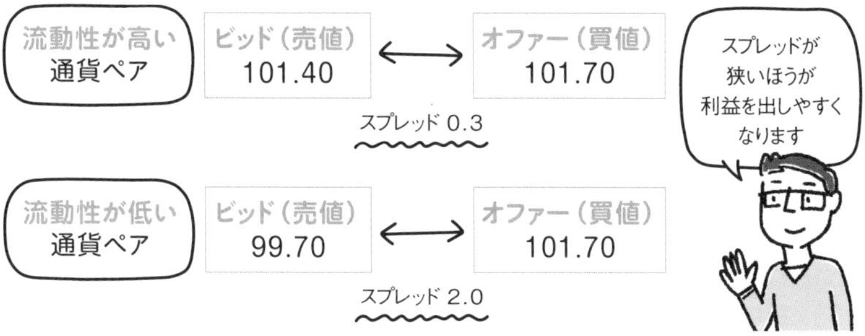

また、外国為替市場への参加者が少ないと値動きが荒くなります。頻繁に取引が行われていれば1ドル＝100円から銭刻みで購入・売却希望者が存在します。ところが参加者が少なければ購入・売却希望者も少なく注文と注文の間が大きく空いてしまいます。

政治・経済状況に左右されるカントリーリスク

　カントリーリスクとは、投資対象となる国の政治的、社会的要因によって、価格が変動したり資金の回収が難しくなったりするリスクのことをいいます。為替変動だけでなく、国際情勢の悪化による海外送金の停止や、銀行口座の封鎖などのリスクもカントリーリスクの一部です。

　カントリーリスクによって損失が生じる例としては、金利が高い新興国通貨を金利を得る目的で購入したものの、対象国の経済危機や紛争により対象通貨に対する円高が進行した場合などがあります。

▼ **カントリーリスクの例**

紛争・内乱　政変　過度なインフレ　自然災害

　カントリーリスクは**格付機関**（P.152参照）や調査会社が毎年発表していますので、外国為替取引を行う前にチェックしておくとよいでしょう。

━ 為替取引はゼロサムゲーム

　為替取引はゼロサムゲームと呼ばれ、**利益と損失の合計がゼロになります。**

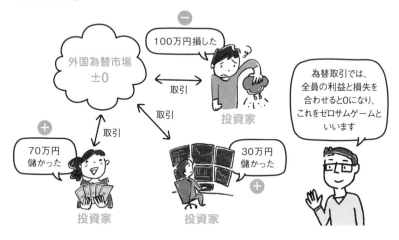

　外国為替取引は、通貨ペアで取引されますので、一方の通貨が下落すればもう一方は上昇していることになります。外国為替取引全体の損益を計算するとゼロになります。

28 外貨預金の メリット・デメリットは?

金利が高いというメリットの反面、
為替差損が生じるリスクがあります。

━ 外貨預金は国内の預金よりも金利が高い

　外貨預金は国内の預金よりも金利が高いため、国内の預金よりも多くの利息を受け取ることができます。金融機関により異なりますが、1年外貨定期預金と日本円の1年定期預金の金利を比較すると、外貨定期預金の金利は日本円の定期預金に比べ、おおよそ5倍から250倍です。

　たとえば、2021年6月現在のみずほ銀行の日本円の定期預金(1年)の金利は0.002%ですが、外貨定期預金(1年)の金利は、米ドルが0.01%、オーストラリアドルは0.05%です。仮に100万円を1年間預けた場合、日本の定期預金での利息は年に20円ですが、オーストラリアドルの1年定期預金であれば500円です。

🔻 **1年定期預金の金利の例**

一般的に
外貨預金のほうが
高金利です

	日本円	米ドル	オーストラリアドル
	0.002%	0.01%	0.05%

100万円を日本円で預けた場合の利息 ➡ 20円
オーストラリアドルで預けた場合の利息 ➡ 500円

※手数料・為替レートの変動は考慮しないものとする

外貨預金は国内のほとんどの銀行で取り扱っています。ただし、税金・手数料は別途かかりますので、その点も考慮して商品を選ぶ必要があります。

● 通貨の変動によって損失が生じる可能性がある

外貨預金には**元本保証はありませんので、為替変動による損失が生じるリスク**があります。

たとえば、1オーストラリアドル＝100円のときに100万円分にあたる1万オーストラリアドルを金利0.5％の1年定期預金で預け、1年後に1オーストラリアドル＝90円になってしまった場合で考えてみましょう。1万オーストラリアドル×0.5％で50オーストラリアドルの金利がつくため、預金残高は1万50オーストラリアドルに増えます。しかし、オーストラリアドルが下がっているため、日本円に換算すると1万50オーストラリアドル×90円で90万4500円になり、預金時より価値が減少しています。

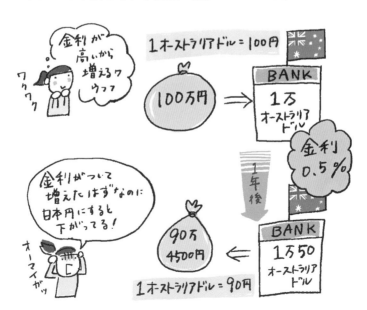

外貨預金をはじめるときは金利だけでなく為替変動によるリスクを考慮しておきましょう。為替予約 (P.70参照) を行うのも1つの手です。

預け入れには手数料がかかる

外貨預金の預け入れには手数料がかかります。さらに実質手数料とも呼ばれるスプレッドも開いていますので、預けた瞬間に含み損という状態になる可能性があります。

多くの銀行では預け入れの手数料を、1ドルあたり1円、1ポンドあたり1円のように設定しています。さらに預入価格と払戻価格の差であるスプレッドも含めた手数料の総額を考慮する必要があります。

預け入れレートが108円81銭、払い戻しレートが108円77銭、預け入れ時の手数料は0円、払い戻し時は1ドルあたり25銭というケースで計算してみましょう。

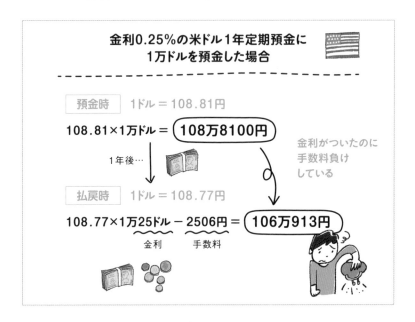

金利0.25%の米ドル1年定期預金に
1万ドルを預金した場合

預金時　1ドル＝108.81円

108.81×1万ドル＝108万8100円

1年後…

金利がついたのに
手数料負け
している

払戻時　1ドル＝108.77円

108.77×1万25ドル − 2506円＝106万913円

金利　　　手数料

仮に為替レートが変動しない想定で、1万ドル分購入した瞬間に売却しても2900円の手数料がかかってしまいます。**通貨の上昇が見込める局面でなければ、金利を考慮しても手数料負けが発生する可能性がある**点には十分な注意が必要です。

● 外貨預金は預金保険の対象外

　外貨預金は**ペイオフ**と呼ばれる預金保険制度の対象外です。ペイオフとは**預金保険機構が金融機関から保険料を徴収して、預金者の預金を保護するしくみ**です。預金者1人あたり、1金融機関ごとに普通預金や定期預金などを合算して、元本1000万円までとその利息が保護され、万が一金融機関が倒産した場合には預金保険機構から保険金が支払われます。

🔻 ペイオフ（預金保険制度）のしくみ

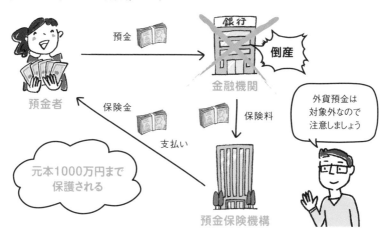

　このように国内の円建ての普通預金であれば、金融機関が倒産しても預け入れていたお金は保証されます。ところが、**外貨預金はペイオフの対象外**ですので、金融機関が倒産しても一切保証されません。

29 FXって どんな取引ですか?

異なる通貨を売買して利益を出す
外国為替取引の1つです。

● 異なる通貨を売買してその差額で儲ける

　FX(Foreign Exchange／外国為替証拠金取引)はドル／円、
ユーロ／ドルというように**異なった通貨を売買して差額で利益
を出す投資方法**です。「この通貨はこれから上がる」と予想した
場合に、その通貨を購入します。予想通りに通貨が上がればそれ
を売却します。すると投資家の手元には購入価格と売却価格の差
額が手元に残ります。この為替差益のことを**スポット益**と呼ぶこ
ともあります。

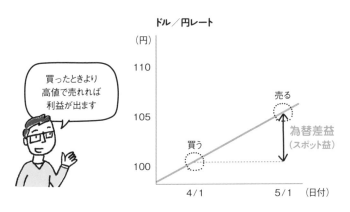

ドル／円レート

買ったときより
高値で売れれば
利益が出ます

得られる利益は、為替レートの値上がりに対して保有している通貨の量で決まります。たとえば、１ドル＝100円のときに１ドル購入して、1ドル＝105円で売却した場合の為替差益は105－100で5円です。1000ドルを購入していた場合には5000円の利益となります。

　外貨預金も為替差益が期待できる投資方法ですが、FXとは取引期間や目的が異なります。外貨預金は比較的長いスパンで外貨を保有しますが、FXは非常に短い時間軸で取引されることが多いです。また外貨預金は利息を得ることを主目的としている人が多く、FXは金利よりも為替差益を狙う人が多い傾向にあります。

▼ FXと外貨預金の違い

	取引期間	主目的
FX	比較的短い	為替差益
外貨預金	比較的長い	利息

昨日買った円が上がった！売ろう！

米ドルは金利が高いから1年定期にしよう♪

━ FXをはじめるためには証拠金が必要

　FXで通貨を売買するためには、**証拠金**と呼ばれる保証金を預け入れる必要があります。その**証拠金自体で通貨を購入するわけではなく、証拠金を担保にして通貨を購入する**しくみです。通貨を購入しても通貨の現物が届くわけではなく、証券会社などのシステム上に保有している外貨が表示されます。

　取引によって利益が出た場合は証拠金に利益分が上乗せされ、損失が生じた場合は保証金から損失分が差し引かれます。つまり

第4章 為替を使った金融商品には何がある？

損益部分のみの受け渡しを行います。このしくみを**差金決済**といいます。

◎ 差金決済のしくみ

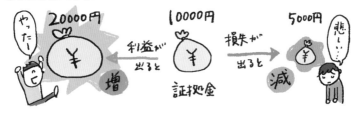

　最低限必要な証拠金は業者によっても異なりますが、おおよそ4000円〜1万円程度です。

まずは取引口座を開設する

　FXを開始するためにはFXの専用口座が必要です。**FX口座を取り扱っているのはFX専門業者や証券会社**です。口座の開設には、本人確認書類やマイナンバーの提出が必要になります。

　現在では口座開設手続き・必要書類の提出ともにオンラインでできるところがほとんどです。大まかな流れとしては、業者のホームページの口座開設手続きのフォームから必要事項を入力し、必要書類をアップロードします。その後証券会社による審査が行われ、問題がなければ口座が開設できます。当日すぐに審査結果が出て、取引が開始できる業者も多いです。詳しい手続きについては各業者のホームページを参照してください。

ポイントを押さえて取引業者を選ぶ

　口座を開設する際は業者選びも重要です。業者を選ぶポイントとしては、**手数料、スプレッド、取引単位、会社の信用度**があります。

現在は取引自体の手数料は無料が多く、取引を行う際にはスプレッドがかかります。スプレッドは取引業者によって異なりますので、口座を開設する前に確認しておきましょう。取引単位は1000または10000のところが多いです。証拠金を安く抑えたい人は取引単位が小さい業者を選ぶとよいでしょう。取引単位については139ページでも詳しく説明しています。

　最後に必ずチェックしたいのが会社の信用度です。自分の財産を預けることになるため、破産・倒産などが起きにくい健全な財務体質の会社であるか、また万が一のことがあった場合に補償を受けられるかを確認しておきましょう。

　日本国内の証券会社には、証券会社が破綻した際に顧客の財産

🔻 業者選びのポイント

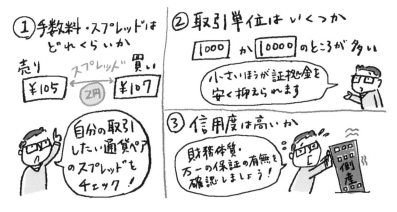

が全額保証されるしくみ「**信託保全**」が義務づけられています。ところが海外のFX業者にはそういったしくみがないところがほとんどなので、万が一業者が破綻した場合に補償を受けることができません。また、出金後の送金に時間がかかるため注意が必要です。

30 FXはどうやって利益を出すの?

為替差益やスワップポイントによって
利益を出します。

安く買って高く売ることで利益を得る「ロング」

FXでは**「買い」や「売り」を行っている状態のこと**をポジションといい、ポジションを持つ、ポジションを建てるなどと表現します。中でも買いポジションを持つことを**ロング**、もしくは**買い持ち**といいます。ロングする場合には、**ある通貨がこれから上がると予想されるという局面で購入し、実際に上がったところで売れば
その差額が利益**となります。

1ドル＝80円のときに1万ドルをロングにして、120円で売れば、40円×1万＝40万円の利益になります。ドル／円の通貨ペアの場合、円安が進むと判断した場合にドルを買うことで為替差益が見込めます。

🔻 ロングの利益の出し方

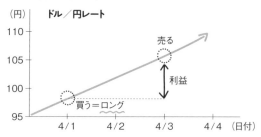

安く買って
高く売ることで
利益を出します

ロングは株式市場でも用いられる言葉で、価格の上昇には時間がかかることからLONGと呼ばれるようになったという説があります。

下落局面では「ショート」で利益を得る

　FXでは**為替レートが下がると予想されるときに売り、実際に下がったところで買い戻すことで利益を得る**ことができます。売りポジションを持つことを**ショート**もしくは**売り持ち**といいます。

▼ ショートの利益の出し方

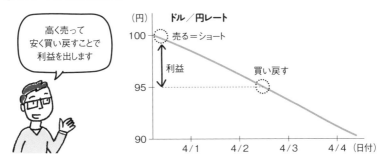

高く売って
安く買い戻すことで
利益を出します

（円）　**ドル／円レート**
100　売る＝ショート
　　　利益
95　　買い戻す
90
4/1　4/2　4/3　4/4　（日付）

　ただし、FXの売りは実際には保有していない通貨を売る**空売り**です。FXでは現物通貨のやりとりは行われませんが、この売りの概念を理解するために、現物のやりとりがあると仮定して説明します。

　1ドル＝100円のときにドルの下落を予想して、1万ドル分の取引をするというシーンで考えてみましょう。この場合1万ドルをFX業者から借りてきて売り、日本円100万円を買います。手元には100万円と業者から借りた1万ドルの返済義務が残ります。予想通りドルが下落し1ドル＝95円になったときに、1万ドルを95

万円で購入して業者に返済します。このときに、100万円−95万円＝5万円が手元に残りますね。これがショートの利益です。実際のFXでは「売却ボタン」を押せば、売りが完了し、買い戻しボタンを押せば利益が確定します。

▬ 金利差によってもらえるスワップポイント

　FXでは、低金利の通貨を売り、高金利の通貨を買うことによって利息を受け取ることができます。これをスワップポイントといいます。日本は低金利政策を継続していますので、諸外国と比較すると金利が低くなっています。したがって、日本より金利が高い国の通貨をロングすると、その期間に応じて利息を受け取ることができるのです。FXの金利は日割りで毎日受け取ることができ、長く持てば持つほど金利収入も高額になります。計算式は以下のようになります。

通貨のレート×保有数×金利差÷365＝スワップポイント

　高金利通貨のトルコリラの場合で計算してみましょう。
　トルコリラの政策金利19.0％で、日本の政策金利は−0.1％ですので、トルコリラと日本円の金利差は19.1％です。トルコリラのレート14円で、1万トルコリラを保有していたらどうなるのでしょうか。

14円×1万トルコリラ×19.1％÷365＝約73.2円／日

　トルコリラをロングするだけで1日73.2円のスワップポイントを受け取ることができます。1年間保有するだけで2万6718円になりますね。

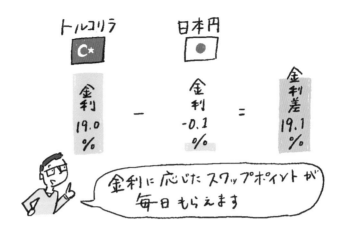

スワップポイントを狙ったはずが 金利を支払うことも

スワップポイントはFXの魅力の1つではありますが、逆に金利を支払わなければならないケースもあります。まずはショートを行った場合です。**金利が低い国の通貨を売却するので、買い戻しを行ってショートポジションを解消するまでは金利を支払う必要があります。**先ほどのトルコリラの例ではトルコリラをショートした場合には1日あたり73.2円のスワップポイントが証拠金から差し引かれます。スワップポイントは両国の金利差によって生じるわけですから、政策金利の変更によって**両国の金利が逆転してしまうと、スワップポイントを支払う立場になってしまいます。**

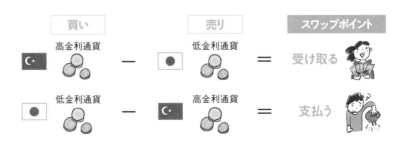

31 FXは少額で大きく儲けられる?

「レバレッジ」をかけることで、
手持ち資金よりも多額の外貨を売買できます。

レバレッジをかけると大きな金額を動かせる

FXでは手元の資金よりも大きな額の外貨を取引できます。**手元の資金よりも大きな金額を用いて投資などを行うことを、レバレッジをかけるといいます**。レバレッジ（Leverage）とは、英語で「てこの作用」という意味です。

国内の証券会社やFX業者の場合、**手持ちの資金の25倍までの外貨の取引が可能**です。仮に1万円あれば1ドル＝100円の場合、2500ドルを購入できるのです。1万円で2500ドルを購入して、1ドル＝101円になった場合、2500円の利益を受け取ることができます。

一方で外貨預金の場合は、2500ドルを購入するためには25万円が必要です。1万円しか持っていない場合は100ドルしか購入できません。1万円で2500ドルを購入して、1ドル＝101円になった場合の利益はたったの100円です。

このように、FXは想定した通りに相場が動けば、少額の資金で大きく利益を出せる投資方法だといえます。その分、相場が想定と反対に動けば大きな損失が出る可能性もあるので注意が必要です。

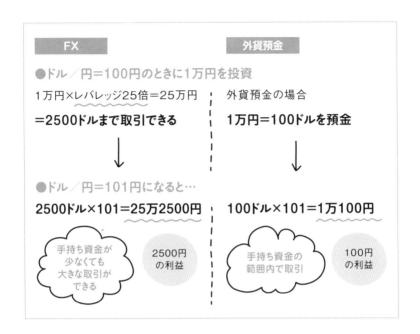

● FXでは「最低通貨単位」が定められている

　FXは外貨の最低取引量が決められています。これを「**最低通貨単位**」といいます。「最低通貨単位は1000通貨」の場合は、「1000ドル」「1000ユーロ」など1000通貨単位で外貨を取引できます。国内の業者の多くは1000通貨単位からの取引を可能としていますが、中には1万通貨単位からの業者や1通貨単位に対応している業者も存在します。

　最低通貨単位に為替レートをかけて、当該業者の最大レバレッジ倍率で割れば、証拠金の最低必要金額を計算できます。たとえば、最低通貨単位が1万の業者で、ドル／円＝100、最大レバレッジ倍率が25倍のときには、1万×100÷25＝4万で、証拠金の最低必要金額は4万円になります。手持ちの資金に応じた最低通貨単位の業者を選ぶとよいでしょう。

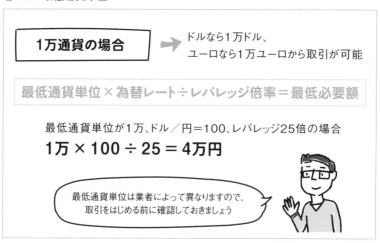

FX の最低通貨単位

1万通貨の場合 → ドルなら1万ドル、
ユーロなら1万ユーロから取引が可能

最低通貨単位×為替レート÷レバレッジ倍率＝最低必要額

最低通貨単位が1万、ドル／円＝100、レバレッジ25倍の場合
1万 × 100 ÷ 25 ＝ 4万円

最低通貨単位は業者によって異なりますので、
取引をはじめる前に確認しておきましょう

FXは利益を出せるチャンスが2倍

　134ページで説明したように、FXはロング（買い持ち）とショート（売り持ち）のどちらでも取引が可能です。つまり**為替相場の上昇局面だけでなく下落局面でも相場の方向性に合ったポジションをとることにより利益を得られるチャンスがあります。**

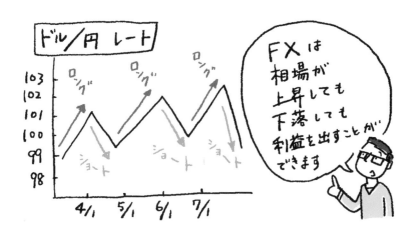

ボラティリティが高いときは 大きく利益を出せるチャンス

　相場用語の1つ**ボラティリティとは、価格の変動のこと**を指します。ボラティリティが高いとは、大きく価格が変動している状態のことです。ボラティリティが高い相場状況では、大きく利益を出せる可能性があります。ボラティリティが高くなりやすいのは、**重要な経済指標が発表されたとき**や、**要人や中央銀行の予想外の発言や発表**、そして**紛争や戦争、天変地異や政変など**が発生したときです。そういったときは、ボラティリティが高くなり利益を得やすいと同時に損失が生じやすいというリスクもあります。

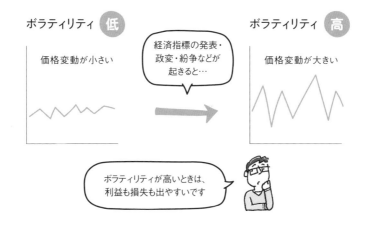

　最近、大きく為替相場が動いた例でいえば、2021年3月4日のドル／円相場です。アメリカの長期金利が上昇したことによりドルが買われ、大きく円安が進みました。安値は1ドル＝106円95銭、高値は1ドル＝107円97銭と1日で1円以上も値が動きました。もしも4万円の所持金で25倍のレバレッジをかけて、1万通貨単位を購入していれば、1万円の利益を得られる計算です。

32 FXで損をすると どうなるの?

証拠金が減ります。足りなくなると追加で請求されたり、強制的にロスカットされたりします。

● FXで損をするしくみ

　FXは為替相場が**想定と反対の動きをした際に損失が出ます**。「今は1ドル=100円だけど、今日は円高になるはず」と予想して、1万ドルのショートポジションを持った事例で説明します。

　予想通り円高が進行して1ドルが98円になればショートポジションは成功です。ところが予想外に円安が進み、1ドル=102円になれば、「2円分」の損失となります。1万ドルの売りを建てていた場合、2円×1万=2万円の損失です。

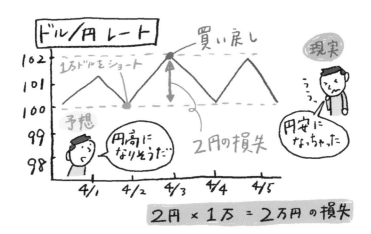

同様にロングポジションでも円安を予想していたのに、現実には円高が進んでしまったというケースでは、損失が出てしまいます。

　原則として、**FXで損失が確定するのはロングポジションにおける売却や、ショートポジションにおける買い戻しを行ったとき**です。売却や買い戻しをしていない状態で損失を抱えている状態のことを、**含み損**や**評価損**といいます。また、その損失が大きくならないうちに決済して損失を確定することを**損切り**といいます。

　決済をして損失が確定されると、業者に預け入れていた証拠金

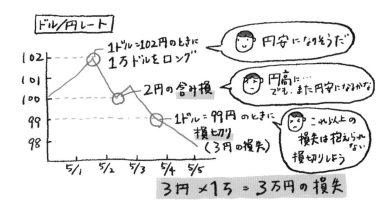

からその金額が差し引かれます。証拠金が4万円で、1万円の損失が確定した場合、残った証拠金は3万円となり、今後取引できる通貨単位が減ってしまいます。

● 証拠金が一定以下になると追証が発生する

　139ページでも説明したように、通貨単位とレバレッジとレートによって取引に必要な証拠金の額は異なります。たとえば、レバレッジ25倍、1ドル＝100円のときに1万ドル購入する場合、必要な証拠金の金額は1万ドル×100÷25＝4万円です。

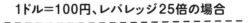

1ドル＝100円、レバレッジ25倍の場合

必要な証拠金　＝ 100 × 1万 ÷ 25

　　　　　　　　為替レート　取引数　レバレッジ

　　　　　　＝ 4万円

　追証とは、追加で請求される証拠金のことです。FXでは売却や買い戻しを行わなくても、相場の変動によって証拠金が足りなくなり、追証が必要になる場合があります。追証が必要になるかどうかは**証拠金維持率**によって判断されます。この証拠金維持率は毎日同じ時間に計算され、100%以下になると追証を求められることが多いです。

　証拠金維持率は**有効証拠金÷必要証拠金×100**で求められます。有効証拠金とは、FX業者に預け入れている証拠金に差損益を加減した金額を指します。必要証拠金とは、通貨の売買をするのに最低限必要となる証拠金のことです。

　これを先ほどの事例にあてはめて計算してみましょう。購入時は、4万円（預け入れ額＝有効証拠金額）÷4万円（必要証拠金額）×100＝100ですので、証拠金維持率は100%です。ではドル／円レートが100円から99円に下落した場合を考えてみましょう。相場の下落により、1万円の含み損が出てしまいました。この場合、3万円（預け入れ額4万円－含み損1万円）÷4万円（必要証拠金額）×100＝75%となります。**証拠金維持率が100%未満になってしまうため、追加で証拠金が必要となる追証が発生**します。

$$証拠金維持率 = 有効証拠金 \div 必要証拠金 \times 100$$

$$\underbrace{4万円}_{有効証拠金} \div \underbrace{4万円}_{必要証拠金} \times 100 = 100\%$$

相場の下落により、1万円の含み損が発生

$$\underbrace{3万円}_{有効証拠金} \div \underbrace{4万円}_{必要証拠金} \times 100 = 75\%$$

100%以下のため、 追証 が必要

　追証を支払わず、ポジションを解消しないまま証拠金維持率が低下すると、取引業者から**マージンコール**といわれる警告を受けます。**マージンコールに応じずにさらに証拠金維持率が低下すると、ロスカット（強制決済）といって取引が自動的に決済**されてしまいます。これは損失額が証拠金を上回らないようにするもので、大きな損失から投資家を保護するためのしくみでもあります。

自分なりの取引ルールを決めておく

　FXでは相場の動向やレバレッジによって、大きな損失が生じるリスクがあります。ときには自身の預貯金や財産で支払えないほどの追証が求められます。

　万が一、そうした事態に陥ってしまったときは追証の分割払いや支払いの延期などに応じてくれることもあるため、証券会社や取引業者に相談してみましょう。

　基本的にはそういった事態を避けるために、資金に余裕のある範囲で取引を行う、損切りルールを決めておくなど自分なりのルールや対策を立てておくことが大切です。

33 円キャリートレードって何?

日本円の長期間の低金利を利用して、金利差で利益を出す取引方法です。

日本円の低金利を利用した取引

　キャリートレードとは、低金利の通貨で資金を借り入れて、高金利通貨に投資する取引手法です。**円キャリートレード(円借り取引)**とは、その名の通り**低金利の日本円で資金を借り入れて金利が高い外貨で運用し、その金利差で利益を出す取引手法**のことを指します。日本の長期金利が20年以上も超低金利であることを利用した取引です。

たとえば、金利1％で円を借りて金利が6％の外国の債券に投資した場合、単純に計算すると5％分の金利差が利益になります。

　このように円キャリートレードの基本は金利差による利益を得るものですが、円安が進めば金利だけでなく為替差益を得ることも可能です。反対に円高が進むと、利益が減少したり、元本割れが起こったりするリスクもあります。

　将来のドル／円レートの動きを予想するための指標の1つに**IMMポジション**があります。IMMとは、アメリカのシカゴにある**シカゴ・マーカンタイル取引所（CME）**の一部門である通貨先物市場の通称です。IMMではさまざまなデータを公表していますが、中でも注目されているのは**投機筋が保有しているポジションの数値**です。これは、ヘッジファンドなどの投機的な市場参加者が、各通貨のロングポジション（買い持ち）またはショートポジション（売り持ち）をどのくらい持っているのかを表します。

　円のロングポジションがショートポジションを上回れば、円高になると想定している人が多いということになります。反対に円のショートポジションがロングポジションを上回れば円安になると想定している人が多いということです。

　31ページでも説明したように、投機的な取引には「売ってから買う」もしくは「買ってから売る」という反対売買が必ず行われます。そのため、**ポジションがどちらか一方に大きく偏っていた場合、近い将来にその反対の動きがある**と予想されます。このように為替相場を予想する材料の1つとしてIMMポジションは注目されています。

円キャリートレードにはオフバランス取引とオンバランス取引がある

　円キャリートレードにはその運用方法により、**オフバランス取**

第**4**章

為替を使った金融商品には何がある？

引と**オンバランス取引**の2種類に分けられます。

　オフバランス取引とは、為替先物予約や、上場している通貨先物、FXなどの取引です。オンバランス取引とは、国内外の投資家による、現物の円を借り入れて高金利通貨建ての金融商品へ投資する取引のことを指します。

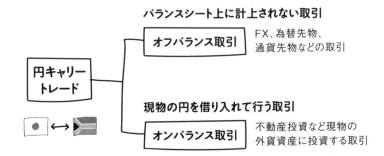

　近年ではドルも低金利政策をとっていることから、ドルキャリートレードが行われることもあります。

■ 円キャリートレードは リスクオン時に行われる

　円キャリートレードが行われるのはリスクオンのタイミングです。投資におけるリスクオンとは、景気回復や上昇が見込まれる局面や、金融不安や政情の不安が当面はないとされる局面のことをいいます。**リスクオン時には、高い利回りが期待できる高リスク通貨が買われやすくなります。**円キャリートレードは、低リスク通貨である円を売り、高金利通貨を購入するトレードですので、まさにリスクオン時に行われやすいのです。

　逆に**リスクオフ、つまり戦争や金融ショックの発生時などには円キャリートレードは解消され、安全資産である円が買われます。**これを円キャリートレードの**巻き戻し**といいます。

◆ トレードのタイミング

リスクオン ➡ 円キャリートレード

リスクオフ ➡ 円買い（巻き戻し）

リスクオン時に買われやすい資産

景気　オーストラリアドル　南アフリカランド　ハイリスクハイリターンの資産

リスクオフ時に買われやすい資産

景気　日本円　スイスフラン　米ドル　金　低リスクの安全資産

― 円キャリートレードが拡大すると 円安が進行する

　円キャリートレードが増加すると、**円が売られることから円安が進みます。**1990年代は先進国の中では日本国債の金利のみが低く、欧米の金利が高い状態が継続していたため、多くのファンドや機関投資家が円キャリートレードを行っていました。

　彼らは低金利で円を調達して、円を売り金利が高い外貨を購入した上で日本国外の投資商品を購入します。2015年以降の世界的な景気上昇期にもさかんに円キャリートレードが行われ、円安が進行しました。

　このように、円キャリートレードを行っているのは主に海外の**ファンド**や**金融機関**ですが、広い意味では、**個人によるFXの円売り・外貨購入も円キャリートレードの一種**といえます。

34 そのほかの外貨建て商品の特徴とはじめかたは?

投資信託やMMF、債券、保険の
特徴やはじめかたを説明します。

━ 外貨建ての投資信託にはヘッジあり・なしがある

原則として、**外貨建ての投資信託は為替レートの変動を受けます**。対象通貨に対して、円安が進めば為替差益を得られますが、円高が進行すれば為替差損が生じて投資金額を回収できなくなるリスクもあるのです。そのリスクを限定するためのしくみが**為替ヘッジ**です。投資信託自体の利益は得たいけれども、為替変動によるリスクは回避したい場合は、為替ヘッジありを選択することになります。為替ヘッジがある投資信託は、別途ヘッジコストがかかります。

外貨建ての投資信託は、東京証券取引所などに上場しているもの、証券会社や金融機関、ファンドが直接募集しているものがあります。上場投資信託は、インターネットの証券口座を開設さえしておけば気軽に取引可能です。

外貨建て投資信託の一種に外貨建てMMFと呼ばれる商品があります。格付が高く安全性が高い海外の国債や地方債、社債などで運用しています。通常の外貨建て投資信託と異なる点は、投資先が安全性の高い社債・国債に限定されている点です。

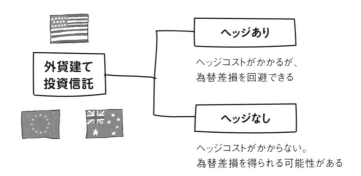

⬤ 外国の債券を購入することもできる

　外国債券（外国債）とは、発行体・発行場所・発行通貨のいずれかが外国である債券です。海外の国や地方自治体、企業などが発行しています。外国債券は日本と対象国の金利差による利息が得られるだけでなく、円安が進めば為替差益も期待できます。

　諸外国の国債は日本の国債よりも利回りがよく、比較的安全な投資先といえます。2021年6月現在、10年国債の利回りを比較するとアメリカは1.489％、オーストラリアは1.487％、カナダは1.384％など、日本の0.045％よりも高金利となっています。

◇ 各国の10年国債の利回り

🇺🇸	アメリカ	1.489％
🇦🇺	オーストラリア	1.487％
🇨🇦	カナダ	1.384％
🇹🇷	トルコ	18.225％
🇯🇵	日本	0.045％

数値は2021年6月16日時点のもの

出典：『Investing.com』ホームページのデータをもとに作成

国債は国が発行しているため比較的安全な投資先といえますが、リスクがゼロというわけではありません。国の財政が破綻するなどして、元本や利子が支払われない、または遅れるなどの**債務不履行（デフォルト）**状態になることもあります。国債の信用度を測る尺度の1つに、**民間の格付機関による格付**があります。格付機関は、国債の元本や利子が予定通りに支払われないリスク（**信用リスク**）を分析してランク付けを行っています。

　格付は通常A＋のようにアルファベットとプラス記号、マイナス記号を組み合わせて評されます。たとえば、代表的な格付機関であるスタンダード＆プアーズ（S&P）グローバル・レーティングスでは評価がAAAからDまで21段階に細分化されており、2021年4月現在、日本国債の格付は上から5番目のA＋となっています。

　そのほかの代表的な格付機関として、ムーディーズ・インベスターズ・サービス、フィッチ・レーティングスがあります。

　一方、外国の企業などが発行している外国債券は証券会社や銀行などの金融機関で購入可能です。債券は為替や株式のように常に売買が行われているわけではありません。そのため、人気の債券は販売開始後すぐに売り切れてしまうこともあります。購入したい債券がある場合は金融機関に相談してみましょう。

─ 外貨建ての保険は利回りがよいのがポイント

　生命保険や個人年金などの保険会社が取り扱っている各種保険には、「外貨建て保険」が存在します。外貨建て保険とは外貨によって運用する保険です。保険料の払込は、日本円ではなく外貨によって行われます。契約者が実際には外貨を購入する必要はなく、保険会社が日本円で払い込まれた保険料相当額を外貨にかえます。

外貨建てのため、為替変動の影響を受けますので、為替差益を得られる可能性がある一方で、満期時の為替レートによっては為替差損が生じるリスクもあります。

外貨建て生命保険は、保険会社が外国の株式や債券などで保険料を運用するので、比較的高利回りです。したがって、解約返戻金や年金額が元本より大幅に増える見込みとしている商品も投資対象として人気です。外貨建て生命保険は解約時や保険金支払時に、保険金を日本円の代わりに外貨で受け取ることもできます。多くの保険会社で取り扱っていますので、契約したい場合は代理店や保険会社に問い合わせてみましょう。

35 為替投資のリスクを
減らすには?

リスクを考慮して投資先を選ぶことと、
分散投資が大切です。

⚊ 為替変動リスクを限りなくゼロにする

　為替変動リスクを限りなくゼロにして、債券投資や株式投資などで金利による利益や投資対象の商品の価値の上昇だけを目指すのであれば、**先物予約**（P.70参照）や**オプション取引**（P.74参照）**などを用いることでリスクヘッジ（回避）できます。**外貨建ての投資信託の場合は、為替ヘッジありの商品を選ぶとよいでしょう。

╲ 為替変動リスクを減らすには ╱

株式・債券

金額が大きければ先物予約やオプション取引を利用する。
相場に左右されずに、事前に利益を確保することができる

投資信託

為替ヘッジありの商品を選択する。
ヘッジコストはかかるが、相場変動による影響を回避できる

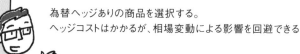

ただし、それぞれリスクヘッジのために費用がかかります。オプションはプレミアムがかかりますし、投資信託であれば為替ヘッジコストがかかります。こういったコストを考慮すると、投資金額が一定金額よりも大きくなければ、費用対効果が薄いといえます。また**為替変動リスクを軽減するということは、為替差益が得られない**ことの裏返しでもある点も注意しておきましょう。

➖ 商品ごとのリスク性の違いを理解して選択する

　外国為替の投資商品のリスクはそれぞれ異なります。一般的に最もリスクが低いのが外貨預金で、為替ヘッジありの投資信託や、MMFなどがそれに続きます。リスクが高いといわれるのが、個別の外国株式やFXです。

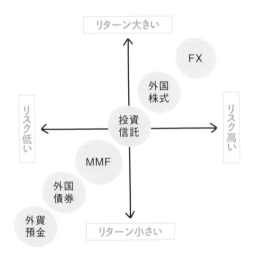

　個別の外国株式は、株式自体の値動きとともに為替変動の影響も受けますので、大きな損失が生じるリスクがあります。FXは大きなレバレッジをかけて取引を行うことが多いため、その分為替変動の影響も大きくなります。FXの場合は、**損失を拡大させないための損切り（ロスカット）ルールや、利益を確実に獲得するため**

のルールを自分なりに前もって決めておくことが、リスクヘッジとなります。

　これらの商品によるリスクの違いを理解し、高リスクの商品には多額の資金をつぎ込まないなどの自己管理が求められます。

● 通貨ごとのリスク性を理解する

　外貨預金やFXなどで、外貨を取引する場合に忘れてはならないのが、**通貨によってリスクが異なる**点です。たとえば、スイスフランなどは大きく値が動くことが少なく、ボラティリティが高くなる局面はそれほどみられません。逆に、トルコリラや南アフリカランドなどの新興国通貨は、高い金利による利益が得られやすい一方で、通貨自体のボラティリティが高くなりやすく、短期間で大きな損失が生じるリスクがあります。一般的に政情が不安定な国の通貨は、通貨の価格も不安定です。

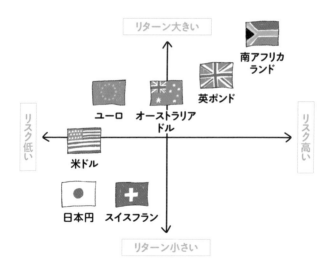

　また、アメリカや中国など身近な国の情報はテレビのニュースやインターネットなどで比較的入手しやすいですが、新興国の情

報についてはあまり取り上げられないという側面があります。**新興国通貨の取引を行う際には、定期的に情報収集を行う**ようにしましょう。

外国為替取引を行う際は、こういった通貨の特性を理解しておくとよいでしょう。

━ 分散投資でリスクを分散する

為替投資のリスクを軽減するために有効なのが、**分散投資**です。**さまざまな投資商品を組み合わせて、自分が許容できる範囲にリスクを抑えておけば、想定以上の損失が生じる可能性が低くなります。**

また同一の投資方法の中でも、投資先のリスクに応じて、資金を分散することが大切です。たとえば、FXであれば安定通貨ペアの割合を8割程度として、高リスク通貨のペアは2割に留めておくなどのルールを決めておくことで、政変などが発生しても資産全体に与える影響は最小限となります。

時間分散によってもリスクを減らすことができます。 毎月少しずつ外貨を購入する積立投資のように、買うタイミングを分散させることで為替変動により大きな損失が発生するリスクを下げられます。

Column 4

為替取引で気をつけたい税金申告

　為替取引の中でも、FXを行っている場合は確定申告を行わなければならない可能性があります。確定申告とは、1年間で得た所得を税務署に申告し、支払う税金の金額を確定させる手続きのことです。FXで一定金額以上の利益が出た場合には、確定申告を行い、税金を納めなければなりません。

　給与所得を得ている会社員の場合、FX取引で得た所得が20万円を超えた場合に確定申告が必要となります。所得とは、得られた利益から経費を差し引いた金額のことをいいます。FX取引を行うために、セミナーに通ったり書籍を購入したりした場合は、それが経費となります。

　FXで得られた所得は、「申告分離課税」という方式で課税されます。これはほかの所得とは分離して所得税を計算する方式で、税率は一律20.315％です。つまりいくらFXで利益を出しても、分けて計算するため給与所得や事業所得の税率は変わりません。

　ただし注意しなければならないのは、海外のFX業者で取引を行う場合です。この場合申告分離課税が適用されないため、FXで得た所得と給与所得や事業所得などを合算した金額が年間の所得となり、その金額に応じて所得税率が決められます。所得税率は最大45％ですので、利益が大きい場合には多額の税金を納めることになる可能性があります。FX業者を選ぶときは、この課税方式の違いについても理解しておきましょう。

為替が動く
理由とは？

第5章

通貨の価値は一定ではなく、上昇したり、下落したりします。
この章では通貨の価値を左右する金融政策、
金利のしくみなどを説明します。
また、外国為替市場に大きな影響を与える経済指標にはどんなものがあるのか、
どこに注目すべきなのかも詳しく解説します。

36 ファンダメンタルズって何?

国の経済状態を示す、
さまざまな指標のことです。

━ ファンダメンタルズから為替相場を予想する

　ファンダメンタルズは「**経済の基礎的諸条件**」と訳され、国や企業などの経済状態を示す基礎的な指標のことを指します。具体的には、経済成長率、経常収支、財政収支、インフレ率(物価上昇率)、生産性上昇率、失業率などの指標を指します。これらの**ファンダメンタルズから為替相場の動向を予測することをファンダメンタルズ分析**といいます。

　各指標が健全な国の通貨は、将来高くなると予想されますし、不健全な国の通貨は安くなると予想されます。この場合の高くなるとは「通貨高」が進むということです。

たとえば、アメリカの各指標が良好であれば、米ドルを買う動きが強まり、ドル高が進みます。

━ ファンダメンタルズは長期的な指標

ファンダメンタルズ分析は、**長期的な値動きを予想するのにとくに向いている**といわれています。具体的には5～10年程度の長期予想です。

一方で、非常に短いスパンでの取引においては、ファンダメンタルズ分析はあまり向いていません。FXのような数分から数日間だけ保有するようなトレードの場合、値動きを予想できません。とはいえ、**ファンダメンタルズ分析に大きな影響を与える指標が発表される日は為替相場が大きく動くケースが多い**です。また、たとえ短期レートであっても経済の大きな流れをつかんでおくことは重要です。

短期的な値動きはファンダメンタルズ分析よりも**テクニカル分析**と呼ばれる方法が向いているとされています。テクニカル分析とは、**過去の値動きをもとに今後の相場を予想する方法**です。

🔽 ファンダメンタルズ分析とテクニカル分析の特徴

	分析方法	期間
ファンダメンタルズ分析	さまざまな経済指標などをもとに、相場の動きを予想する分析方法	短期～長期
テクニカル分析	過去の価格推移や取引量から、相場の動きを予想する分析方法	短期～中期

まずはファンダメンタルズ分析で経済の大きな流れをつかみ、必要に応じてテクニカル分析も取り入れていくとよいでしょう

景気の動向が、政策金利を左右する

　外国為替取引において、ファンダメンタルズ分析を行う際の重要な指標の1つが**政策金利**を含む各国の金融政策です。政策金利は国や中央銀行がさまざまな材料をもとに決定しますが、中でも大きな判断材料となるのが景気の動向です。一般的に**景気がよくなっていると国や中央銀行が判断すれば金利を上げていきますし、景気が悪くなっていると判断すれば金利を下げます。**

景気がよい ⇒ 政策金利UP

景気が悪い ⇒ 政策金利DOWN

景気の動向によって
政策金利を決定します

　政策金利の変更の有無や、変更される方向性はファンダメンタルズ分析を行う上で非常に重要です。そのため、為替トレーダーたちは**政策金利が発表される日に注目**しています。政策金利に関しては164ページで詳しく説明しています。

1997年のアジア通貨危機によって
G20が発足した

　1997年7月にタイではじまり、アジア全域に広まった経済危機と通貨の大幅な下落に**アジア通貨危機**がありました。1997年5月

中旬、ヘッジファンドや機関投資家によって、タイのバーツが大量の空売りを受けました。当時のバーツはドルペッグ制（P.37参照）というドルと連動する通貨制度を採用していたため、ドルペッグ制を維持するために、タイの中央銀行はバーツを買う為替介入を実施。ところが中央銀行が準備していたドルが底をついてしまい、とうとうドルペッグ制を維持することが不可能となり、変動相場制に移行しました。結局ドル／バーツ相場では、大幅なバーツ安に見舞われました。

この影響は同様にドルペッグ制を採用していた韓国、マレーシア、インドネシアにも波及します。これによりインドネシアでは32年間も政権を担っていたスハルト政権が転覆しました。この一連の事態をアジア通貨危機と呼びます。

アジア通貨危機によって、国際金融について話し合うためには、新興国も交える必要があるとして、1999年に従来はアメリカ、イギリス、ドイツ、フランス、イタリア、カナダ、日本の7カ国で行われていたG7にインドネシア、韓国、EU、ロシアなどを加えた**G20財務省・中央銀行総裁会議**が発足しました。

🔽 **G7・G20参加国一覧**

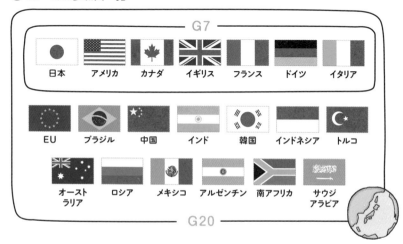

第5章

為替が動く理由とは？

37 金融政策と為替の関係って？

政策金利が上がると通貨の価値が上がります。
名目金利よりも実質金利が重要です。

政策金利が上がると、通貨の価値も上がる

　政策金利とは、**中央銀行が設定している短期金利**です。物価を安定させる、インフレを抑えるなど、さまざまな目的を達成するために定められています。一般的には景気がよくなれば政策金利を上げて、悪くなれば政策金利を引き下げます。日本で政策金利と呼ばれているのは、**無担保コール翌日物金利**の誘導目標です。これは、金融機関同士が取引を行うインターバンク市場の1つであるコール市場において、無担保で1日だけ借りる場合の金利のことを指します。

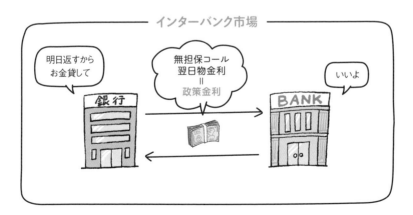

政策金利と通貨は相関性が高く、金利が高くなればその国の通貨も上昇しやすくなります。政策金利が高い国の通貨は、高い利回りを期待して買われるからです。

　一般的に**日本をはじめとする先進国は低金利の国が多く、トルコや南アフリカといった新興国は金利の高い国が多くなっています**。ただし、2020年はコロナショックの影響で政策金利を引き下げた国が多くみられました。

🔻 **主要国の政策金利状況（2021年1〜5月）**

		1月	2月	3月	4月	5月
	日本	-0.10	-0.10	-0.10	-0.10	-0.10
	アメリカ	0.25	0.25	0.25	0.25	0.25
	EU	0.00	0.00	0.00	0.00	0.00
	カナダ	0.25	0.25	0.25	0.25	0.25
	オーストラリア	0.10	0.10	0.10	0.10	0.10
	スイス	-1.25	-1.25	-1.25	-1.25	-1.25
	南アフリカ	3.50	3.50	3.50	3.50	3.50

出典：各国中央銀行ホームページのデータをもとに作成　　　　　　　　　（単位：％）

➖ 名目金利よりも実質金利が重要

　名目金利とは、債券の利回りや預金金利などの表面上の金利のことです。一方で実質金利とは**名目金利から期待インフレ率を差し引いたもの**です。

実質金利＝名目金利－期待インフレ率

　期待インフレ率とは、1年間でどれほど物価が上昇するのかの期待値を数値化したものです。なぜ名目金利から期待インフレ率を差し引くのかというと、**物価が上昇すると通貨の価値が下落する**からです。たとえば、インフレによって物価が上昇して1台100万円だった車が、1台110万円になった場合、円の価値が下がったということになります。この物価の上昇や下落による価値の変動の影響を差し引いた金利が、実質金利です。

　外国為替取引においては名目金利ではなく、実質金利でその国の実力が判断されることになります。たとえば、**名目金利が3％の国でも、期待インフレ率が3％であれば、実質金利はゼロ**となります。そうなると、その国での借入の金利は実質ゼロとなるため、投資がさかんになります。また、一般的には実質金利が高くなれば、通貨高が進みます。

量的緩和政策によって、金利が下がり通貨も下がる

　量的緩和政策とは、日本では2001年から導入された**お金の量を増やす政策**です。すでにゼロ金利政策が続いており、金利を下げることでの景気刺激ができない場合に、この政策がとられることがあります。

　量的緩和政策では**中央銀行の通貨供給量が増えるため、通貨の価値が下がり、通貨安が引き起こされる**と考えられます。ただし、実際には量的緩和によって通貨安が引き起こされるという明確な根拠はありません。中央銀行が通貨供給量を増やしたからといって、それが市場にそのまま出回るわけではないからです。と

はいえ、**ソロスチャート**という2国間の通貨の通貨供給量から為替相場を読む方法などを確認すると一定の関係がみられます。また、多くの人が通貨安になるに違いないと考えて動くため、実際に通貨安になりやすい傾向にあります。

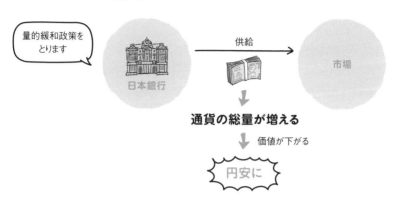

━ タカ派は利上げ、ハト派は利下げを支持

　タカ派、**ハト派**とはもともとは政治の世界で用いられてきた用語です。タカ派は強硬姿勢、ハト派は穏健姿勢という特徴があります。**タカ派は金融政策においては、金利の引き上げ（利上げ）による金融引き締めを支持して、ハト派は金融緩和、金利の引き下げ（利下げ）を支持**します。

38 中央銀行が市場に 介入するのはどんなとき?

為替レートの安定などを目的に、
外国為替市場で売買を行うことがあります。

━ 実際には資金を投入しない口先介入

国や中央銀行が外国為替取引を行う**為替介入**には、実際に資金を投じて売買を行うものとそうでないものがあります。資金を投じずに、言葉だけで外国為替相場を操作しようとするのが**口先介入**です。口先介入は、**市場介入を示唆するようなコメントをすることで、外国為替市場に緊張感を持たせ、いきすぎた通貨安や通貨高を是正しようとする**ものです。

🔻 口先介入のしくみ

これ以上、
通貨安が進むようなら
介入を検討します

政府・中央銀行

介入が
行われるかも…!?

外国為替市場

たとえば、2021年初頭はユーロ高が進行して、それを懸念した欧州当局によって、さらなる利下げを示唆するなどの口先介入が相次ぎました。

　また、アメリカではトランプ元大統領のTwitterによる発言が話題となりましたが、これも口先介入の一種だといわれています。具体的には、アメリカの中央銀行の役割を担うFRBの金融政策に対して利上げを牽制したり、けなすような発言を行ったりしていました。実際にトランプ元大統領による発言によって、外国為替市場が大きく変動する局面も多々みられました。

一国が行う単独介入、複数の国が連携して行う協調介入

　為替介入は**1つの国が独自の判断で行う単独介入**と、**諸外国が共同で行う協調介入**の2種類に分類できます。日本では財務大臣の指示によって、日本銀行が市場介入を行います。介入するための資金は**外国為替資金特別会計**です。

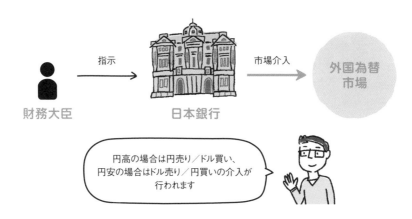

財務大臣　　　指示　　　日本銀行　　　市場介入　　　外国為替市場

円高の場合は円売り／ドル買い、円安の場合はドル売り／円買いの介入が行われます

　協調介入では**各国が協議を行った上で、それぞれの国の外貨準備金を用いて外国為替市場で売買を行います**。G7による直近

の為替介入は、2011年の東日本大震災の際に行われた協調介入です。東日本大震災の影響で急激な円高が進行していたため、日本経済に深刻な影響を出ることを懸念したG7により為替介入が決断されました。

　具体的な動きとしては、日本銀行やアメリカのFRB（P.91参照）は円を売ってドルを買い、ECB（P.97参照）は円を売ってユーロを買いました。カナダ中央銀行は円を売ってカナダドルを、イギリスの中央銀行は円を売ってポンドを買いました。介入の結果、79円台前半だったドル／円相場は85円を超えました。

■ 日本は外貨準備高で世界トップ水準を誇る

　外貨準備高とは、国や中央銀行などが何かあったときのために用意している外貨の総額のことです。日本はこの外貨準備高が中国に次ぐ世界第2位です。一般的に、輸出を重視している国は自国通貨が高くなりすぎないように自国通貨を売る介入を行う傾向にあるため、外貨準備高が高くなりがちです。

主要国の外貨準備高ランキング（2019年12月）

国名		単位：10億米ドル
1位	中国	3,222.89
2位	日本	1,322.44
3位	スイス	854.93
4位	ロシア	555.18
5位	アメリカ	516.70
6位	サウジアラビア	514.96
7位	インド	463.47
8位	香港	441.35
9位	韓国	408.82
10位	ブラジル	356.89

出典：『World Bank』ホームページのデータをもとに作成

　為替介入が必要になったときはこの外貨準備金を用いて、中央銀行が外国為替市場で取引を行います。日本の場合、実際に政府・日銀が介入を行った場合には国際収支統計の外貨準備が変化します。**減った場合には円買いの介入、増えた場合には円売りの介入**を行ったと考えられます。

　また、日本の外貨準備高のほとんどが証券で、その大半が米国債だといわれています。世界全体でも外貨準備高は圧倒的にドル建てが多く、ユーロ、円と続きます（P.17参照）。

39 金利が上がると円高になる?

> 一般的には、金利が上がると通貨の価値も上がるため円高になると考えられます。ただし、円は低金利ですが、必ず円安になるわけではありません。

― 通貨は金利の低い国から高い国に流れる

　国内と国外の金利の差のことを**内外金利差**といいます。一般的にお金は金利が低い国から高い国に流れていきます。

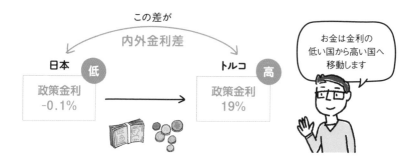

　2021年3月現在の日本の政策金利は-0.1%、米国は0.25%、イギリスは0.1%、トルコは19%です。

　ではここでお金の流れを考えてみましょう。日本で100万円を銀行に1年間預けてもほぼ利息はつきませんが、トルコの銀行に1年間預ければ19万円の利息がつきます。そうなるとトルコの銀行に預金をしたい日本人が増えます。日本人がトルコの銀行にお金

を預けるためには、日本円を売って、トルコの通貨であるトルコリラを購入する必要があります。同じように考えてトルコリラを購入する日本人が多くいればトルコリラの価値が上がり、トルコリラ高、円安が進みやすいといえます。

▼ トルコと日本の政策金利の推移

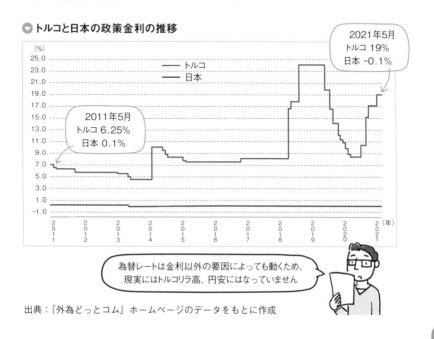

出典：『外為どっとコム』ホームページのデータをもとに作成

　一方で**金利が高いということは、通貨の価値が安定しておらず、リスクが高いことの裏返し**でもあります。高い利息を受け取れる反面、値動きが大きくなれば為替差損が生じる可能性もあります。

日本円は低金利が続くが、急激な円安にはなっていない

　日本の政策金利は2006年から非常に低水準または**ゼロ金利**です。現在は**金利が0％を下回るマイナス金利**です。

　金利が低い国から高い国に流れるのであれば、円安ドル高になるはずですが、現実には急激な円安は進行していません。2017年

以降のドル／円相場は105円から115円のレンジで落ち着いて推移しています。

日本が低金利国ながら急激な円安が進まない理由は、**為替レートは内外金利差だけでなく、経常収支、財政、物価、世界情勢などさまざまな要因が組み合わさって動く**からです。とくにドル／円相場は、日本円の政策金利よりもアメリカの政策金利に大きく影響される傾向があります。たとえば、2020年はコロナショックと不透明だったアメリカ大統領選により、円高ドル安傾向にありました。大統領選後にはさらにドルが売られ、円高が進みました。ところが、2021年になるとドルの長期金利の上昇に伴って、一転して円安が進みました。

このように、日本円は日本の金利よりも世界経済の動向や、アメリカの金利に大きく影響されるため、日本でゼロ金利が継続しているからといって、ずっと円安が継続するというわけではありません。

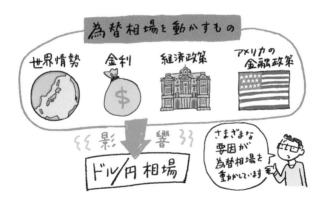

━ 米国の利上げは世界の注目事項

先ほどの例でもわかるように、アメリカの**政策金利によって為替相場は大きく変動**します。したがって、アメリカの政策金利の

上げ下げは為替トレーダーの最重要関心事項といってよいほど、注目を集めているのです。

　日本では**日銀金融政策決定会合**で金融政策を決定しますが、アメリカでそれにあたるのが**FOMC**（Federal Open Market Committee）という会議です。年に8回開催され、FRBのメンバーが集まって政策金利の上げ下げについて話し合います。その結果政策金利が引き上げられるとドル高になり、政策金利が引き下げられればドル安になります。為替だけでなく、株価などにも影響を与えます。為替相場は期待で動くため、実際は「利上げ」する前に期待で上昇している事が多いです。

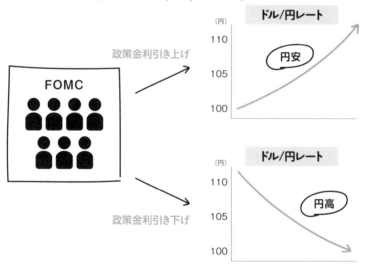

　FXで外国為替取引を行っているのであれば、アメリカの政策金利が引き上げられる見込みであればドルを買い、政策金利が下がる見込みであればドルを売ることで為替差益が得られる可能性が高まります。

　アメリカの政策金利の上げ下げには、日本円以外の通貨も大きく影響を受けるため世界中が注目しています。

40 景気がよくなると通貨は上がる？

景気のよい国の通貨は買われやすいため、
上昇しやすい傾向があります。

景気のよい国の通貨が買われる傾向がある

基本的に**景気がよい国の通貨は買われる傾向がある**ため、通貨高が進みます。反対に**景気が悪くなると、その国の通貨を売って別の外貨を購入する動きが増えるため通貨安**になります。

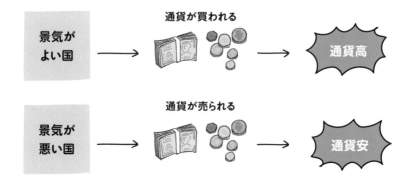

国の景気のよさを表す指標はいろいろありますが、経済が拡大しているか縮小しているかを示す代表的な指標がGDPです。**GDPが伸びている国は景気がよい**と判断され、**GDPが停滞していれば景気がよくない**と判断されます。ほかにも**購買担当者景気指数（PMI）**という企業の購買担当者による景況感調査も注目さ

れています。日本の指標では内閣府が毎月発表している**景気動向指数**や、**景気ウォッチャー調査**などがあります。景気動向指数とは景気の影響を受けやすい28の指標をもとに景気が上向き傾向にあるのか下向き傾向にあるのかを判断するものです。景気ウォッチャー調査とは、小売店やタクシー運転手など景気に敏感な職種の2000人に景気についてのアンケートを結果をまとめたものです。

インフレになると通貨の価値は下がる

景気がよくなると、物価が上がる**インフレ（インフレーション）**が起こりやすくなります。景気がよくなると人々が物を買うようになり、需要が供給を上回るために物やサービスの値段が上がるのです。

この**インフレが進行すると、通貨安に動く**傾向があります。なぜなら物価が上昇すると、お金の価値が下がるからです。たとえば、りんご1つ＝100円がインフレによってりんご1つ＝120円になったとします。100円で買えていたものが120円出さないと買えなくなったということなので、円の価値が下がったといえます。そうすると外国為替相場においても円安に動きやすくなります。

また円安がインフレを助長することもあります。輸入物価が上がることに加え、輸出企業にとっては、円安が進むと業績がよくなります。すると従業員への給与がアップして、購買意欲が刺激され、物価も上昇するからです。

逆に物価が下がる**デフレーション（デフレ）**になると、**通貨の価値が上がるため、通貨高になる**傾向があります。

この物価がどれくらい上昇しているかを示す指標に、**インフレ率（物価上昇率）**というものがあります。インフレ率とは、前年に比べて物価がどの程度上昇したかを表します。日本銀行は年に２％のインフレ率を目標としています。インフレ率は、総務省が毎月発表している消費者物価指数によって確認することができます。

🔻 **日本のインフレ率の推移**

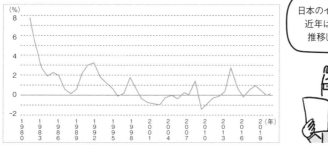

日本のインフレ率は、近年は低水準で推移しています

出典：『世界経済のネタ帳』ホームページのデータをもとに作成

インフレ率は、一般的には数パーセントであれば健全な経済成長を示しているといわれますが、インフレ率が高くなりすぎてしまう**ハイパーインフレ**が起こることもあります。ハイパーインフレとは、国の財政状況の悪化や貨幣の流通量が多くなりすぎてしまったことにより、物価が過剰に上昇してしまうことです。

ベネズエラ中央銀行によるとベネズエラの2020年のインフレ率は約3000％でした。このようなハイパーインフレが起こると人々は札束を持って買い物に行くようになり、貯蓄していた財産の価

値は大きく目減りすることになってしまいます。このハイパーインフレは経済政策の失敗と原油価格の下落などによって引き起こされたといわれています。

━ 円高になると株価は下落傾向になることが多い

一般的には、株価と為替相場は連動性が高いと考えられています。株価が上昇する見込みがあれば、その国の通貨が買われて外国人投資家による株式投資が行われるので、通貨高が進みます。株価と通貨が連動して上がるというわけです。

ところが、日本株と日本円においては、**円高が進むと株価が下落することが多い**傾向です。その理由は以下の2つであると考えられています。

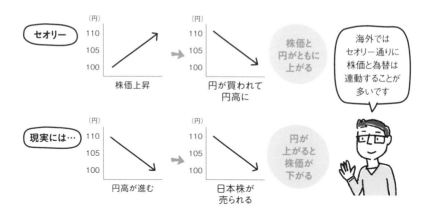

1つ目の理由は**外国人投資家による日本株の売却**です。円高が進行すると、海外の機関投資家のポートフォリオにおける円の割合が増えてしまうため、日本株を売却したり、円買いのリスクヘッジを外したりするのです。2つ目の理由は日本には輸出企業が多いことから、**円高が進行すると業績が悪化する企業が増え、日本株が売られてしまう**と考えられています。

第5章
為替が動く理由とは？

景気がよくなると通貨は上がる？　**40**　⋯⋯　179

41 ビッグマック指数で何が見える?

2国間の物価の変動を
正しく反映しているのかを判断できる。

━ 物の値段を基準に為替レートが決まる

ビッグマック指数とは、**購買力平価**の考え方に基づく指数の1
つです。購買力平価とは、**世界中どこでも同じ物の値段は1つであ
るという「一物一価」を前提として、物の値段を基準に中長期的な
為替レートが決まる**という考え方です。

🔽 **購買力平価に基づく為替レート**

世界中どこでも
同じ物の値段は
1つ(一物一価)
だとすると…

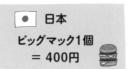

🇯🇵 日本
ビッグマック1個
= 400円

🇺🇸 アメリカ
ビッグマック1個
= 4ドル

400円 = 4ドル
つまり1ドル = 100円になる

　ビッグマック指数は、マクドナルドの定番ビッグマックを基準
にして考えます。最近はスターバックスのカフェラテ・トールサ
イズの価格を比較するトール・ラテ指数という指数も登場しまし
た。いずれの指数もイギリスのエコノミストという経済雑誌が定
期的に発表しています。

ビッグマックの値段を基準に、
2国間の通貨を比較する

　ビッグマック指数やトール・ラテ指数は、**2国間の物価の変動が、為替レートに正しく反映されているかどうかを判断できる指数**といわれています。

　なぜビッグマックやトール・ラテが指標に使われるのかというと、マクドナルドやスターバックスが多くの国にチェーン展開されているためです。また、ビッグマックやトール・ラテはあまり価格の変動がないためだともいわれています。

　ビッグマックやトール・ラテにはさまざまな原材料が使われており、労働者による一定の作業も必要です。つまり**ビッグマックやトール・ラテの価格は、その国の賃金水準や物価が正しく反映されていると考えられる**のです。

◯ 日本円換算した各国のビッグマックの価格（2021年1月）

出典：『The Economist』ホームページのデータをもとに作成

ビッグマック指数を計算してみよう

では実際にビッグマック指数を計算してみましょう。**ある国の
ビッグマック指数を調べたい場合には、その国のビッグマックの
価格をアメリカのビッグマックの価格で割ります。**

たとえば、アメリカのビッグマックの価格が5.66ドル、日本の
ビッグマックの価格が390円の場合、日本のビッグマック指数は
以下のように計算します。

日本のビッグマック価格 390円
÷
アメリカのビッグマック価格 5.66ドル
＝
ビッグマック指数68.90

ビッグマックの値段は世界中どこでも同じはずだと考えると、
ビッグマック指数として求められた1ドル＝68.90円が適正な為
替レートだということになります。そこで、ビッグマック指数と
実際の為替レートを比較し、**実際の為替レートのほうが高ければ
その通貨は過小評価されている、ビッグマック指数のほうが高け
れば過大評価されている**ということです。現実の米ドル／日本円
レートが1ドル＝100円だとすると、日本円はビッグマックの価
格においては過小評価されているといえます。

各国のビッグマック指数を確認してみよう

このように各国のビッグマック指数を比較するときは、実際の
為替レートとビッグマック価格の差を用います。最新のエコノミ

スト誌が発表しているビッグマック指数と為替レート差をチェックしてみましょう。

　数値がマイナスになっている通貨は実際の為替レートが過小評価されている国で、プラスになっている通貨は過大に評価されている国ということです。

　マイナス評価の国はそのマイナスが解消される方向に動くと考えられるため、ドル安が進みやすい環境であると考えられます。日本の場合も実際の為替レートよりは、過小評価されているということになりますので、円高ドル安が進むと考えられます。

🔻 **各国のビッグマック指数（2021年1月）**

スイスフラン	28.8%
スウェーデンクローナ	12.6%
ノルウェークローネ	7.5%
米ドル（基準通貨）	0%
カナダドル	-6.6%
ユーロ	-8.8%
オーストラリアドル	-11.9%
英ポンド	-21.6%
日本円	-33.9%
中国人民元	-38.9%
トルコリラ	-64.6%

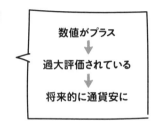

数値がプラス
↓
過大評価されている
↓
将来的に通貨安に

数値がマイナス
↓
過小評価されている
↓
将来的に通貨高に

出典：『The Economist』ホームページのデータをもとに作成

　実際にはビッグマック指数通りに為替レートが動くわけではありませんので、あくまで1つの目安にしておくとよいでしょう。

42 資源国通貨って何?

鉄や金、石油などの
資源が産出される国の通貨のことです。

資源のある国の通貨を資源国通貨という

　鉄や金、石油、天然ガス、プラチナなどの資源を多く算出する国の通貨を**資源国通貨**や**コモディティ通貨**といいます。コモディティとは商品のことを指します。

　メジャーな資源国通貨は、オーストラリアドル、カナダドル、南アフリカランド、ニュージーランドドルです。あまりなじみがない人もいるかもしれませんが、ノルウェークローネやロシアルーブル、ブラジルレアルなども資源国通貨の一種だといえます。

▼ 世界の主な資源国

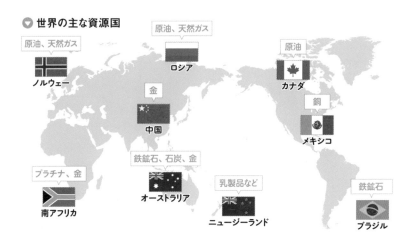

資源国通貨は、輸出国ばかりです。たとえば、オーストラリアは鉄鉱石や石炭、カナダは石油や天然ガス鉱物資源、南アフリカはプラチナや金などの貴金属です。

　資源国通貨の一番の特徴は**資源価格に連動する傾向がある**ことです。資源の価格が上昇すればその国の景気が拡大すると予測されるので、通貨は買われて上がります。資源価格が下落すれば、その国の景気が後退すると考えられるため、売られて下がります。

　そのほかの資源国通貨の特徴としては、**金利が高い国が多い**ことがあります。そのためスワップポイント (P.119参照) 狙いの外国為替トレーダーから根強い人気を誇っています。

主な天然資源の価値とその推移

　天然資源の価格は社会情勢や産出量の調整や増減などによって**変化**します。代表的な資源である原油価格の推移を確認してみましょう。

原油は1970年代には1バレルあたり3ドル台で取引されていましたが、2度のオイルショックや湾岸戦争・イラク戦争では価格が急騰します。その後2000年代には**BRICS**をはじめとした新興国の経済発展によって需要が急激に高まり、原油価格は暴騰しました。BRICSとは、ブラジル、ロシア、インド、中国、南アメリカの5カ国で、それぞれの頭文字から名づけられました。2010年初冬には140ドルを記録し、その後急落します。これは2010年代に入るとアメリカが**シェールオイル**を大量に産出できるようになったためです。それまでは中東が原油の主な産地で、中東諸国の生産調整や紛争によってその価格が大きく変動していました。現在は1バレルあたり40ドル前後で取引されています。

🔻 **原油価格の推移**

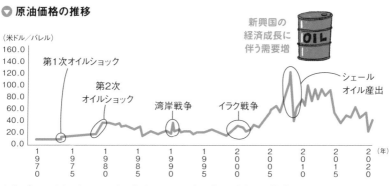

出典：『ファイナンシャルスター』ホームページのデータをもとに作成

　もう1つの代表的資源である金の価格の推移も確認しておきましょう。1970年代まではドルを基軸通貨とした金本位制度が継続していたため、金の価格は経済発展とともに上昇していました。金本位制崩壊後は一時下落したものの、ソ連のアフガン侵攻やドルの信用力低下などの要因で再び高騰しました。それ以降、金は「有事に買われる資産」として認識され、戦争や紛争、天災のたびに購入されました。

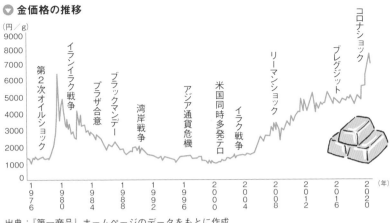

金価格の推移

(円/g)

出典：『第一商品』ホームページのデータをもとに作成

資源国通貨は輸出先の景気に左右される

　資源国はその豊富な資源から輸出国であることが多いため、**輸出先の国の景気に左右されます**。輸出先の景気がよくなれば、輸出量が増えるため資源国の景気もよくなり通貨の価値が上がり、通貨高になります。反対に輸出先の国の景気が悪くなれば輸出量が減り、資源国の景気が悪くなり通貨の価値が下がり、通貨安になります。

43 経済成長とともに通貨の価値は上がる?

経済が成長すると通貨の価値が上昇する傾向が
あります。経済成長を示す指標はGDPです。

経済成長とともに通貨の価値は上がる傾向がある

　一般的に経済が発展すると、その国の通貨の需要が増えて通貨
の価値が上がる傾向があります。日本の歴史を振り返ってみると
経済成長とともに円高が進み、経済成長が停滞するようになると
円相場も落ち着いて推移するようになりました。

▼ 日本の1人あたりGDPとドル／円レートの推移

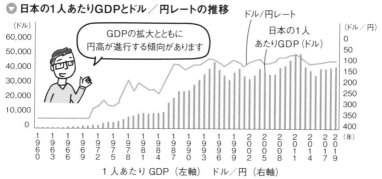

出典:『ファイナンシャルスター』ホームページのデータをもとに作成

　ただし、為替相場は2つの通貨間で相対的に決まるため、経済
成長をすれば必ず通貨が上がるとは限りません。たとえば、日本
経済が成長しているときにアメリカの経済がよりハイペースで成

長していればドル高・円安になる可能性が高いです。また、日本のGDPの拡大とともに円が上がったのは、その間の日本のインフレ率が低かったからだともいわれています。177ページでも説明したように、インフレ率の上昇は通貨が下がる要因になります。

経済成長の指標はGDP

176ページでも少し説明しましたが、経済成長を表す代表的な指標がGDPです。GDPには**名目GDP**と**実質GDP**の2つがあります。名目GDPとは国内で生み出された付加価値の総額で、いわば売上から原材料費を差し引いたものです。実質GDPとはそこから物価の変動による影響を調整したものです。物価の上昇により、お金の価値は目減りするため、その影響を調整することで実際の経済状況が判断できます。

GDPの大きさは国の経済規模を表します。世界のGDPに占める各国の割合はアメリカが第1位、中国が第2位、日本が第3位となっています。日本は以前世界第2位でしたが、2010年に中国に抜かれて第3位となりました。日本のGDPが世界に占める割合は年々低下していて、日本が世界経済に与える影響が小さくなりつつあるといえます。

🔻 **世界における各国の名目GDPの割合（2019年）**

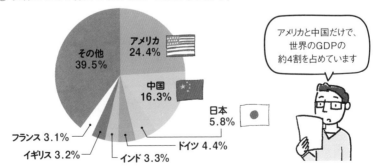

アメリカと中国だけで、世界のGDPの約4割を占めています

その他 39.5%
アメリカ 24.4%
中国 16.3%
日本 5.8%
ドイツ 4.4%
インド 3.3%
イギリス 3.2%
フランス 3.1%

出典：外務省経済局国際経済課『主要経済指標』のデータをもとに作成

GDPは規模だけでなく、前年に比べてどのくらい伸びているか
という成長率も重要になります。**GDPの成長率を経済成長率**と
いい、以下の式で求めることができます。

$$経済成長率 = \frac{今年のGDP - 前年のGDP}{前年のGDP} \times 100$$

世界の経済成長率のランキングをみると、上位にはアフリカや
アジアなどの新興国が多くなっています。また、2020年はコロナ
ショックの影響で多くの国で成長率が鈍化しました。日本の
2020年の経済成長率は-4.8%で、世界105位です。ただし、経済
成長率はあくまでその国の経済が前年比でどのくらい成長してい
るかを示す指標です。成長率が高くても経済規模が小さければそ
の国が世界に与える影響は小さく、経済規模が大きければ大きく
なります。

🔽 **世界の経済成長率 (2020年)**

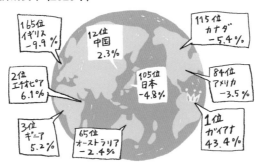

出典：IMF『World Economic Outlook Database, April 2021』のデータをもとに作成

**経済成長率が高い国の通貨は買われて通貨高となり、経済成
長率が鈍化している国の通貨は売られて通貨安となる**傾向です。

これは主に先進国の投資家が、新興国の経済成長を期待して通貨を買うためです。一方で、先進国が急激な景気後退に陥ると、投資家はお金を引き上げるため新興国通貨が急落しやすくなるという面もあります。

アメリカの経済成長と米ドル

88ページでも触れましたが、アメリカのGDPは、日本とは異なり拡大を続けています。2020年にはコロナショックの影響で2009年のリーマンショック以来のマイナス成長となりましたが、長期的には今後も成長していくと考えられています。

▼ アメリカの実質GDPの推移

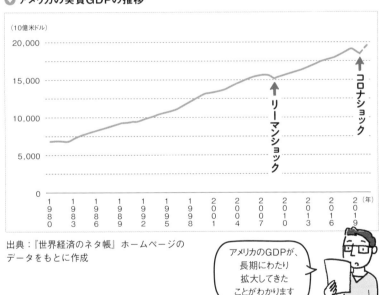

出典:『世界経済のネタ帳』ホームページの
データをもとに作成

アメリカのGDPが、長期にわたり拡大してきたことがわかります

外国為替相場においては、アメリカのGDPの発表は重要なイベントです。**GDP成長率が予想に反していたり、大きく低下していたりすると、ドルを含む外国為替相場は大きく変動します。**

44 どんな経済指標に注目すればいいの?

アメリカのGDPを中心に、雇用統計や恐怖指数、住宅着工件数は重要な指標なので確認しておきましょう。

━ 経済の状況を示す指標の種類

経済の拡大や停滞、後退などはさまざまな指標によって確認することができます。日本を含む各国でさまざまな経済指標が発表されています。その中でも外国為替市場に大きな影響を与えるのは**アメリカの経済指標**です。その代表的な指標は**雇用統計、購買担当者景気指数（PMI）、消費者物価指数（HICP）、住宅着工件数、貿易収支、そしてGDP**です。これらの経済指標は週に2、3個ずつ発表されており、そのたびに為替レートが変動します。

各指標は事前に予想値が発表されていて、予想値と離れるほど、為替相場が大きく動きます。こういった統計の発表時は為替

◆ 主なアメリカの経済指標と毎週の発表スケジュール

発表される日程	指標名	発表される日程	指標名
第1週	新規失業保険申請件数 前月失業率/前月平均賃金 前月非農業部門雇用者数	第3週	前月消費者物価指数 新規失業保険申請件数 前月住宅着工件数
第2週	前々月製造業新規受注 前々月貿易収支 前月生産者物価指数	第4週	新規失業保険申請件数 前月新築住宅着工件数
		第5週	四半期GDP（3カ月ごと） 新規失業保険申請件数

相場の動きに注目しておくとよいでしょう。

　アメリカ以外の経済指標についても確認しておきましょう。ユーロ圏の経済指標においてもアメリカ同様**購買担当者景気指数（PMI）**や**消費者物価指数（HICP）**などが注目されています。日本の経済指標では**日銀短観（全国企業短期経済観測調査）**が有名です。海外でも「TANKAN」の名称で知られています。日銀短観とは、日本銀行が全国1万社以上の企業に業績や景況感などの調査を行い、その結果をまとめた指標で、四半期ごとに発表されています。中でも、**業績判断指数（DI）**が重要視されています。業績判断指数が50を上回ると景気がよい、下回ると景気が悪いと判断されます。ただし、日本の経済指標は外国為替市場にはそれほど影響を与えないといわれています。

▬ 世界中から注目されるアメリカの経済指標

　アメリカのGDPは非常に重要な経済指標で、為替レートに大きな影響を与えます。GDPはアメリカ商務省により３カ月ごとに発表され、前期からどれくらい増えたかという成長率が注目されています。**GDPの成長率が予想よりも高ければドル買いの動きが強まりドル高に、低ければドル売りの動きが強まりドル安になる**傾向です。ただし、GDPは終わった四半期についての統計が発表されるため、とくにコロナ禍においては今後の展望を予測する指標となる景況感調査の結果が注目されています。

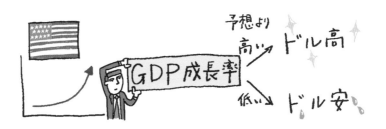

アメリカの雇用統計も重要な指標です。雇用統計とは雇用の情勢を調査した統計で毎月第1金曜日に発表されます。失業率と非農業部門雇用者数、週労働時間や平均時給、建設業就業者数などの統計群が発表されます。

　雇用統計の中でも注目されているのが、**失業率**と**非農業部門雇用者数**です。失業率とは、16歳以上の働く意思がある人のうち、失業者が占める割合を表した指標です。**失業率が予想よりも上がればドル売りの動きが強まりドル安に、下がればドル買いの動きが強まりドル高になる**傾向です。非農業部門雇用者数は、農業部門以外で民間企業や政府に雇われている人の人数です。**非農業部門雇用者数が予想よりも増えればドル売りの動きが強まりドル安に、減ればドル買いの動きが強まりドル高になる**傾向です。ときには雇用統計の発表で1円以上も米ドル／円相場が変動します。

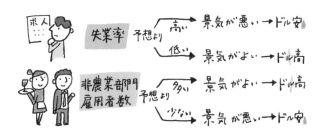

　個人消費の目安となる指標が**小売売上高**と**住宅着工件数**です。住宅着工件数とは、1カ月にどのくらいの件数の新規住宅が建設されたかを示す指標で、アメリカ商務省が毎月3週目に発表しています。ただし、住宅建設数は季節によって差があるため、年率換算されたものが発表されています。

　なぜこの指標が重要になるかというと、住宅を購入すると家具や家電なども購入することになり、個人消費への波及効果がみられるためです。**住宅着工件数が予想よりも多ければドル買いの動**

きが強まりドル高に、少なければドル売りの動きが強まりドル安になる傾向です。

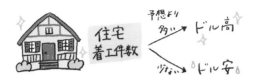

同時に住宅建設許可数も発表されます。これは住宅建設に許可が必要な地域において事前に許可がおりた件数で、今後の住宅着工件数の動向をみる上での指標となります。

━ 株式市場の不安を表す恐怖指数

恐怖指数（VIX指数）とはシカゴオプション取引所がS&P500種指数のオプション取引の値動きをもとに算出している指数です。**この数値が高いほど、投資家が先行きに不安を感じているといわれています。**

通常の恐怖指数は10から20の範囲内で動くことが多く、30を超えると**総悲観**とみなされます。有事には80を超えることもあり、2020年3月に新型コロナウイルス問題が発生したときは、恐怖指数は85.47まで上昇しました。

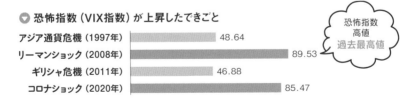

● 恐怖指数（VIX指数）が上昇したできごと

アジア通貨危機（1997年）	48.64
リーマンショック（2008年）	89.53
ギリシャ危機（2011年）	46.88
コロナショック（2020年）	85.47

恐怖指数
高値
過去最高値

恐怖指数が上昇するときは、米ドル、スイスフラン、日本円、金などの安全性が高い資産が買われやすい傾向に。恐怖指数の増減に注目をしておくことで、予期せぬ資産の目減りを防止できます。

45 デジタル通貨は一般に 普及するようになる？

世界各国が法定通貨のデジタル化を検討しており、もっと身近な存在になる可能性があります。

デジタル通貨は3種類

デジタル通貨という言葉に明確な定義はありませんが、3種類あります。まず1つ目がビットコインなどの**暗号資産（仮想通貨）**と呼ばれるもので、中央銀行ではない団体や個人が発行しています。2つ目が私たちの生活にもすでになじみのある**電子マネー**です。これは法定通貨を支払手段としてデジタル化したものです。3つ目が**CBDC（中央銀行デジタル通貨）**と呼ばれ、国や中央銀行が発行するデジタル化された法定通貨です。

▼ デジタル通貨の種類

暗号資産

個人や団体が発行している独自のデジタル通貨

例・ビットコイン
　・イーサリアム
　・アルトコイン

電子マネー

法定通貨をデジタル化したもの

例・Suica
　・nanako
　・PayPay

CBDC

国や中央銀行が発行する、デジタル化された法定通貨

例・サンド・ダラー（バハマ）
　・バコン（カンボジア）

暗号資産はネット上の通貨

暗号資産（仮想通貨）とは、**中央銀行ではない団体や個人が発行している通貨**です。暗号資産の多くは**ブロックチェーン**と呼ばれるネットワーク上に記録されています。インターネット上の通貨なので、距離や国交の有無に関係なくリアルタイムかつ低コストで送金可能です。**無国籍通貨**と呼ばれることもあります。

🔻 ブロックチェーンのしくみ

代表的な暗号資産は**ビットコイン（BTC）**です。そのほかにイーサリアム（ETH）、リップル（XRP）などがあります。暗号資産の総数は2500種類を超えているともいわれています。

ビットコインやイーサリアムなどのごく一部の通貨は、インターネット通販や実際の店舗での買い物の決済で利用可能です。国内でも家電量販店や飲食店などでビットコインを利用できる店舗があります。

投機対象として注目されるビットコイン

　暗号資産は中央銀行に管理されない通貨です。そのため一部の国では**有事の際に安全資産として買われる傾向**がみられます。たとえば、自国の通貨の価値が安定しない途上国や、送金に多大なコストがかかる途上国ではビットコインが自国の通貨のように決済に利用されることも珍しくありません。

　2013年3月の**キプロスショック**では、キプロス政府が国民の預金に9.9%を課税すると発表したことで、国民がビットコインを購入しました。これによりビットコインが注目を集めて、ビットコインの価格が上昇しました。

　また、暗号資産は投機対象としても大きく注目されています。ビットコインは2017年に200万円まで上昇して、その後下落、2020年末から再び上昇に転じて2021年には700万円をつけました。この上昇は、投機資金の流入が大きいといわれています。

🔻**ビットコイン相場が大きく動いたできごと**

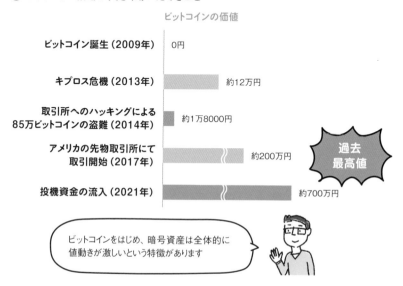

ビットコインの価値

ビットコイン誕生（2009年）	0円
キプロス危機（2013年）	約12万円
取引所へのハッキングによる 85万ビットコインの盗難（2014年）	約1万8000円
アメリカの先物取引所にて 取引開始（2017年）	約200万円
投機資金の流入（2021年）	約700万円

過去
最高値

ビットコインをはじめ、暗号資産は全体的に
値動きが激しいという特徴があります

ー 各国が法定通貨のデジタル化を視野に入れている

　仮想通貨の利便性や管理コストの低さから、**法定通貨のデジタル化**を検討している国もあります。日本銀行は2021年4月に中央銀行が発行するデジタル通貨の実証実験をはじめました。

　国際決済銀行によると世界65カ国のうち6割がデジタル通貨の実験に着手しているとのこと。すでに発行済みの通貨は、バハマとカンボジアのデジタル通貨です。バハマの通貨を**サンド・ダラー**、カンボジアの通貨を**バコン**といいます。またユーロも2021年に将来デジタル通貨を発行するかどうかを決定します。先進国の中で一歩先んじているのは中国です。中国は2022年の北京冬季オリンピックまでにデジタル人民元の発行を目指しています。

各国のデジタル通貨の準備状況

日本

日本銀行は2021年4月に第1段階の実証実験を開始。実際の発行時期は未定。

アメリカ

ブロックチェーンの研究が進められている。実際の発行時期は未定。

EU

ECBは2021年半ばまでに実証実験をはじめるかどうかを決定。

中国

複数都市で大規模な実証実験を実施済み。2022年の北京オリンピックまでに実用化を目指す。

為替の専門用語

● TTM・TTB・TTS

金融機関と顧客が取引をする対顧客市場のレートは、TTMと呼ばれる電信仲値相場のレートを参考にして決められる。TTSとは「対顧客電信売相場」のことをいい、顧客に販売する際のレート。TTMに1円プラスしたものである。TTMから1円マイナスしたものがTTB、「対顧客電信買相場」である（P.60参照）。

● IMF（国際通貨基金）

International Monetary Fundの略。国際取引の促進や加盟国の国民所得の拡大、為替相場安定のために設立された（P.68参照）。

● FX（外国為替証拠金取引）

異なる通貨を売買して差額で利益を出す投資方法。FXは外貨を購入して値上がりした場合に利益を得られる上に、下落局面は「空売り」をすることで利益を得られる（P.130参照）。

● インターバンク市場

金融機関同士が取引する市場。インターバンク市場では、銀行だけでなく世界各国の中央銀行、一部の証券会社、短資会社、為替ブローカーなどが取引を行っている（P.54参照）。

● 円キャリートレード

長期間、日本円が低金利であることを利用して、金利差で利益を出す取引方法。低金利の日本で資金を借り入れて、海外の高金利通貨に投資する（P.146参照）。

● 円高・円安

日本円の価値が、外貨に対し上がったか下がったかをいう。外貨に対し日本円の価値が上昇すれば円高（P.20参照）。

● 追証（追加証拠金）

FX取引において損失が生じて、証拠金が不足した場合、追加での証拠金の入金を求められる。これを追証という。追証を支払わなければ強制的に決済される（P.144参照）。

● 外貨準備

外貨準備とは、国や中央銀行が万が一の際に備えて、外貨を用意すること。準備している外貨の総額を外貨準備高という（P.170参照）。

● 外貨預金

他国の通貨で行う預金のこと。多くの金融機関では複数の外貨預金を取り扱っている（P.118参照）。

● 外国為替

広い意味での外国為替は、現金を用いずに外国の通貨建てでの取引などの決済を行うことをいう。一般的に、外国為替とは自国の通貨と他国の通貨を交換することを指す（P.14参照）。

外国為替市場

外国為替取引が行われる取引所をイメージするが、「外国為替市場」という取引所はない。外国為替市場の実態はなく、その時刻に取引の中心となっている国や都市のことをいい、その地域の名前がつけられている。外国為替取引は、取引所を通じずに、売り手と買い手が取引を行う「相対取引」である。したがって、取引所は存在せず世界中の銀行や投資家がパソコンや電話などで取引を行っている (P.46参照)。

為替

現金の代わりに小切手や証書、手形、銀行振込などで決済すること(P.12参照)。

為替差益・為替差損

為替差益とは、為替レートの変動により利益を得ること。一方、為替レートの変動によって損失を被ることを為替差損という (P.40参照)。

為替ディーラー

銀行等のマーケット部門にて、外国為替取引を専門に行うディーラーのこと。

為替変動リスク

為替レートが変動して損失を被るリスク。為替レートはさまざまな理由で変動するため、通貨購入時よりも下落する可能性がある (P.122参照)。

為替レート

外国為替市場において、異なる国の通貨を交換する際の比率のこと。為替レートは需要と供給のバランスで決まるとされる (P.28参照)。

カントリーリスク

投資対象の国や地域の政治的、社会的要因によって、価格が大きく変動したり、資金の回収が難しくなったりするリスクのこと (P.124参照)。

基軸通貨

国際通貨の中で、中心的な役割を果たす通貨。現代の基軸通貨は米ドル。何らかの機関が決定するわけでなく、国際間決済で広く使われていることや、各国の外貨準備高の多寡によって自然発生的に決められる (P.16参照)。

金本位制

通貨の価値の基準を「金」としている制度。金本位制のはじまりは1816年のイギリス。1929年の世界恐慌により世界各国で廃止された (P.17参照)。

コールオプション・プットオプション

あらかじめ選択した通貨を特定の期日に指定した金額で買う権利をコールオプション、売却する権利をプットオプションという (P.74参照)。

固定相場制

国が為替レートを固定する制度。途上国や新興国で導入されることが多い。日本も1973年までは1ドル360円の固定相場制度(P.37参照) だった。

裁定取引

異なる2つの市場の価格差を用いて利益を得る手法。アービトラージとも呼ばれる。外国為替市場と先物市場の価格に差がある場合や、取引市場間で差

がある場合に、安い市場で購入して、高い市場で売却して利益を得る。

差金決済

直接現金の受け渡しを行わず、「反対売買」によって出た差額を受け取る、もしくは支払うことをいう。FXのほとんどは差金決済（P.132参照）。

資源国通貨

鉄や金、石油や天然ガス、プラチナなどの資源を産出する国の通貨のこと。コモディティ通貨とも呼ばれる（P.184参照）。

信用取引

証券会社に保証金を預けて証券会社や金融機関から株式や現金を借りて行う取引のこと。信用取引では、空売りも可能。

スワップ

本来の意味は「交換」だが、外国為替取引においては通貨スワップと為替スワップの2種類のこと。通貨スワップのうちカレンシースワップは、異なる通貨の金利と元本を交換することをいい、クーポンスワップは金利部分のみを交換することをいう（P.78参照）。

スワップポイント

2カ国間の金利差で発生する利益のこと。自国の通貨よりも高金利の通貨を購入した場合はスワップポイントが得られる。一方、自国の通貨よりも金利が低い国の通貨を購入した場合はスワップポイントを支払う（P.136参照）。

政策金利

各国の中央銀行が設定している短期金利のこと。日本では、無担保コール翌日物金利を指す（P.164参照）。

ゼロサムゲーム

利益と損失の合計がゼロになること。為替取引のことを「ゼロサムゲーム」と呼ぶことがあるが、外国為替取引は通貨ペアで取引されるため、一方の通貨が上昇すれば、一方は下落する。つまり取引全体の損益はゼロとなる（P.125参照）。

対顧客市場

外国為替市場のうち、金融機関と個人や事業法人が取引する市場（P.47参照）。

中央銀行

国や地域の金融機関の中核をなす機関。国の金融政策を担当し、紙幣や通貨を発行する。日本の中央銀行は日本銀行（P.67参照）。

通貨切り下げ

固定相場制度において、自国通貨が弱くなるように交換比率を引き下げること。

通貨ペア

外国為替取引における、取引する通貨の組み合わせ。米ドルと日本円の場合は、米ドル/日本円やUSD/JPYなどと表記する（P.25参照）。

強いドル政策

1995年、当時のアメリカの財務長官ルービン氏が明確にしたアメリカの為替政策。以降、強いドル政策は継続し

ている（P.90参照）。

ドルペッグ制

固定相場制の中でも、レートをドルに固定する制度のこと。経済的に不安定な国がドルペッグ制を導入するケースが多い（P.37参照）。

内国為替

国内で、現金を用いずに小切手などの方法で決済すること。たとえば、銀行口座への振込や、商品代金や公共料金のコンビニエンスストア決済も内国為替の一種（P.13参照）。

バスケット制

複数の外国通貨と自国の通貨を連動させる固定相場制度。複数の通貨をカゴ（＝バスケット）に入れていることに見立ててそう呼ばれる（P.38参照）。

プラザ合意

1985年9月22日に、過度なドル高の是正のために先進国の大蔵大臣と中央銀行総裁が集まって開催された会議によって合意された、ドル高是正に向けた協調行動のこと（P.116参照）。

ヘッジファンド

投資家から資金を集めて、金融商品で運用するファンド。限られた資産家から資金を集める私募形式で、比較的自由な資産運用が可能（P.64参照）。

変動相場制

為替レートが、経済や政治、紛争などの状態によって都度変動する為替相場制度。アメリカや日本など先進国は変動相場制（P.39参照）。

ボラティリティ

価格の変動率のこと。ボラティリティが高い状態とは、大きく価格が変動している状態（P.141参照）。

マイナス金利

民間銀行が中央銀行に預ける場合の預金金利をマイナスにすること。民間の金融機関が企業への融資や投資に資金を回すことを期待した政策。

リスクヘッジ

外国為替取引においては、為替レートの変動により思わぬ損失を被ることがあるため、そのリスクを軽減すること（P.154参照）。

流動性リスク

通貨の取引量が少なく、思うように売買ができないことで生じるリスクのこと。取引参加者が少ない場合、希望する価格や量の通貨を一度に売買することが難しい（P.123参照）。

レバレッジ

「てこの作用」の意味。投資においては、手持ちの資金よりも大きい資金で取引を行うことをいう（P.138参照）。

ロングポジション・ショートポジション

ロングポジションとは、買いポジションのこと。ショートポジションとは、売りポジションのこと（P.134参照）。

INDEX

INDEX

監修者紹介

尾河 眞樹 おがわ まき

ソニーフィナンシャルホールディングス株式会社
執行役員 兼 金融市場調査部長

米系銀行の為替ディーラーを経て、ソニー財務部にて為
替リスクヘッジと市場調査に従事。その後シティバンク銀行
(現SMBC信託銀行)で個人金融部門の投資調査企画
部長として、金融市場の調査・分析を担当。2016年8月
より現職。テレビ東京「Newsモーニングサテライト」、日経
CNBCなどにレギュラー出演し、金融市場の解説を行っ
ている。主な著書に『〈新版〉本当にわかる為替相場』(日
本実業出版社)、『ビジネスパーソンなら知っておきたい仮
想通貨の本当のところ』(朝日新聞出版社)などがある。

装丁	井上新八
本文デザイン	原真一朗
本文イラスト	小倉靖弘
担当	秋山絵美
DTP	有限会社アイル企画
執筆協力	平林亮子
編集	有限会社ヴュー企画 (加藤朱里)

図解即戦力
ず かい そく せん りょく

為替のしくみがこれ1冊でしっかりわかる教科書
かわせ   きょう か しょ

2021年8月19日 初版 第1刷発行

監修者	尾河眞樹 おがわまき
発行者	片岡 巌
発行所	株式会社技術評論社
	東京都新宿区市谷左内町21-13
	電話 03-3513-6150 販売促進部
	03-3513-6185 書籍編集部
印刷／製本	株式会社加藤文明社

©2021 ヴュー企画

ISBN978-4-297-12247-8 C1033 Printed in Japan

お問い合わせについて

●ご質問は本書に記載されている内容に関す
るもののみに限定させていただきます。本書
の内容と関係のないご質問には一切お答え
できませんので、あらかじめご了承ください。

●電話でのご質問は一切受け付けておりませ
んので、FAXまたは書面にて下記問い合わせ
先までお送りください。また、ご質問の際には
書名と該当ページ、返信先を明記してくださ
いますようお願いいたします。

●お送りいただいたご質問には、できる限り
迅速にお答えできるよう努力いたしておりま
すが、お答えするまでに時間がかかる場合が
ございます。また、回答の期日をご指定いた
だいた場合でも、ご希望にお応えできるとは
限りませんので、あらかじめご了承ください。

●ご質問の際に記載された個人情報は、ご
質問への回答以外の目的には使用しません。
また、回答後は速やかに破棄いたします。

お問い合わせ先	〒162-0846 東京都新宿区市谷左内町21-13 株式会社技術評論社 書籍編集部 「図解即戦力 為替のしくみがこれ1冊でしっかりわかる教科書」係 FAX:03-3513-6181 技術評論社ホームページ https://book.gihyo.jp/116